ZEN IN DER KUNST DES DICHTENS

TOSHIMITSU HASUMI

ZEN
IN DER KUNST
DES
DICHTENS

OTTO WILHELM BARTH VERLAG

INHALT

Dichtung wird gewöhnlich definiert als die Kunst, etwas in klangvollen Worten auszudrücken, bei der Schöpfungen des Gefühls, der Phantasie und der Einbildung entstehen. Wird diese Definition im strengen Sinne genommen, so müßte man sagen, daß es in Japan keine Dichtung gibt. Jede Sprache hat eigene Klangformen, durch die Inhalte bestimmt werden. Wenn unsere Ohren aufnahmefähiger wären, könnten wir vielleicht sogar den Klang der Sphärenmusik hören. Wenn man es so auffaßt, ist Dichtung nicht eine Kunst im Sinne eines Willensaktes des Menschen. In diesem Akt des Singens aus dichterischer Inspiration spielt der Wille eine so geringe Rolle, daß man den Akt weniger als gewollt, sondern als naturhaft bezeichnen muß. Während die deutsche Dichtung einen stark epischen Charakter hat, betont die japanische Dichtung den lyrischen Charakter.

Das japanische Wort für Dichtung, *Uta*, bedeutet wörtlich Gesang, abgeleitet von *uta-u*, singen, was bedeutet, sein Fühlen in rhythmischen Klängen auszudrücken. Die Japaner sind von Natur aus verschlossen, sie werden von den Europäern oft sogar geheimnisvoll genannt. Es ist eine Tatsache, daß das japanische Volk, obwohl emotionell und sehr empfindsam veranlagt und auf Feindschaft oder Freundschaft feinfühlig reagierend, in ständiger Zurückhaltung lebt. Dichtung ist ein Ausbruch aus dieser menschlichen Verhaltenheit. Sie ist gewissermaßen ein Sicherheitsventil für aufbrechende, strömende Gefühle.

Dichtung ist eine Weise, in der der Japaner sein Fühlen und Sehnen in Worte faßt. Sie bildet ein «Guckloch», durch das man einen Schimmer der japanischen Seele erhaschen kann. Um etwas von diesem Schimmer zu zeigen, und nicht um eine wissenschaftliche Untersuchung anzustellen, möchte ich über unsere Dichtung schreiben.

Im ersten Teil sollen als Einführung die sprachlichen Bedingungen der japanischen Dichtung, besonders die Regeln und Formen des Versbaus und die Thematik der japanischen Dichtung vom Standpunkt der inneren Struktur aus gezeigt werden.

Im zweiten Teil wird die historische Entwicklung des Wesens und Gehalts der japanischen Dichtung erläutert, indem ich einige besonders typische Gedichte von der ältesten Zeit an bis in die Gegenwart interpretiere, um den historischen Überblick über die japanische Dichtung zu ermöglichen.

Im dritten Teil möchte ich Leben und Dichtung, im engeren Sinne die Poesie der Jahreszeiten beschreiben, weil die Dichtung nichts anderes als der seelische Ausdruck des Lebens ist, der mit der Natur vereinigt wird. Man muß hier daran denken, in welcher Atmosphäre die Japaner ihr dichterisches Erlebnis formulieren.

Den vierten Teil möchte ich der Darstellung der Metaphilosophie der japanischen Dichtung widmen. Man muß hier betrachten, welchen philosophischen Untergrund die japanische Dichtung hat und welche Rolle das Zen in der dichterischen Schöpfung einnimmt. Diese metaphilosophische Grundlage charakterisiert die japanische Dichtung und unterscheidet sie dem Wesen nach von anderer.

Im letzten Teil möchte ich den inneren Weg der japanischen Dichtung behandeln, das heißt, daß gleichzeitig mit dem poetischen Erlebnis die philosophische Grundhaltung Japans erläutert werden soll. Die Absicht dieser Kapitel ist, einigermaßen die Vorbedingungen zum Verständnis des Zen-Erlebnisses in der japanischen Dichtung zu geben. Dies Verständnis ist eine der wichtigsten Voraussetzungen des lyrischen Genießens und der Betrachtung. Die poetische Betrachtung bedeutet immer Mit-Wirkung des Lesers, das heißt «Mit-Dichtung».

FORM UND THEMATIK DER JAPANISCHEN DICHTUNG

Um einen allgemeinen Eindruck von der japanischen Lyrik zu geben, muß ich erst etwas über die
japanische Sprache sagen. Sie ist mehrsilbig und hat
47 Laute; fünf davon sind Vokale. Wir sprechen nicht
von einem Alphabet, sondern von einem Silbensy-
stem, in unserer Sprache *I-ro-ha* genannt, nach den
ersten drei Silben der Anordnung der Silben zu einem
Merkvers, den in Japan jedes Kind auswendig lernt.
Wenn man es in acht Reihen schreibt mit abwechselnd sieben und fünf Silben, kann man es so lesen:

1. I - ro ha ni-ho-he do	(= 7 Silben)
2. chi-ri nu ru wo,	(= 5 Silben)
3. wa-ga yo ta-re zo	(= 6 Silben)
4. tsu-ne na-ra mu,	(= 5 Silben)
5. wu-wi no o-ku-ya-ma	(= 7 Silben)
6. ke-fu ko-e te,	(= 5 Silben)
7. A-sa-ki yu-me mi shi	(= 7 Silben)
8. E-hi mo se zu.	(= 5 Silben)

Wörtliche Übersetzung:

1. Farben machen mich leiden mit ihrer Macht.
2. Wie sie verblassen!
3. In unserer Welt,
4. Was ist von Dauer?
5. Tiefe Berge des Seins
6. Durchquerte ich heute,
7. Und seine hohlen Träume
8. Berauschten nie meine Seele.

Ich möchte hier noch zwei andere Übersetzungen anführen:

Was so duftig blühet,
    muß doch bald vergehen.
Was kann in dieser Welt
    beständig sein?
Hinter dem letzten Berg
    dieser Welt
Gibt es keinen flüchtigen
    Traum noch Rausch.

Diese Scheinwelt
    ist unbeständig,
Dieses Leben die Vorstufe
    zum Nichts.
Wo es gänzlich aufhört,
    beginnt vollkommene Ruhe,
Die allein das echte
    Glück gewährt.

Ich überlasse es meinen Lesern, die Bewertung der drei Übersetzungen vorzunehmen.

Ich habe dieses Silbengefüge Zeile für Zeile übertragen und bedaure sehr, es nicht Wort für Wort übersetzen zu können. Der traurige Zug in diesen Versen rührt wohl daher, daß das Gedicht sich auf einen Teil eines buddhistischen Sūtra bezieht, in dem von der Vergänglichkeit des Lebens die Rede ist. Der Dichter, im Volk als Kōbō Daishi († 835) bekannt, hat es in genialer Weise fertiggebracht, alle 47 Silben zu verwenden, ohne auch nur eine zu wiederholen.

Die Regeln der japanischen Verskunst sind äußerst einfach, sie verlangen weder Reim noch Silbenmaß. Das Besondere liegt darin, daß die Zeilen immer abwechselnd aus 7 oder 5 Silben bestehen. Aus welchen Gründen diese monotone Folge unseren Ohren musikalisch erscheint, ist eine Frage, die noch der wissenschaftlichen Untersuchung bedarf. Ich möchte aber doch annehmen, daß eine wissenschaftliche Begründung möglich ist, auf welche Weise dieses System, das von vorgeschichtlicher Zeit bis heute unverändert bestanden hat, seine musikalische Wirkung auf uns ausübt.

Die zweite wichtige Forderung ist, daß man in der Dichtung gar keine oder möglichst wenige Fremdwörter und keine Wörter des vulgären Sprachschatzes verwendet. Die Wortwahl ist gebunden an das von alters her gutgeheißene und erhaltene Vokabular, da es hier um die besondere Weise geht, das japanische Gefühl zum Ausdruck zu bringen. Wenn man also ein Gedicht über moderne Erfindungen schreiben will, die in früheren Zeiten nicht bestanden, so muß man mit den einfachen alten Wörtern neue Ausdrücke schaffen. Der moderne Fortschritt hat die sprachliche Reinheit der japanischen Dichter hart auf die Probe gestellt. Man sagt, daß schon in alten Zeiten die Dichter darüber klagten, daß es keinen ursprünglichen japanischen Namen für die Chrysantheme, sino-japanisch *Kiku*, gebe.

Die technischen Gesetze, nach denen ein Gedicht gemacht wird, sind also denkbar einfach: Man wählt klassische Wörter, schreibt sie in Zeilen von abwechselnd sieben und fünf Silben und kann so beliebig lange Gedichte schreiben. Aber von Anfang an wurde dem fünfzeiligen Gedicht der Vorzug gegeben, mit 5, 7, 5, 7, 7 Silben, zusammen 31 Silben. Das typische japanische Gedicht, *Uta* oder *Tanka* genannt, besteht also aus nur 31 Silben, die zusammen vielleicht nur ein Dutzend Wörter formen. Von diesen fünf Zeilen bilden die ersten drei den oberen Halbvers und die letzten beiden den unteren Halbvers.

Die Kürze der japanischen Gedichte hat eine große Bedeutung. Es gibt zwar auch lange Gedichte, aber sie sind sehr selten. Eine Versepik, die diesen Namen wirklich verdiente, gibt es nicht. Besonders Gefühle lassen sich am besten mit wenigen Worten ausdrükken; es gibt Wörter, die durch Assoziation oder Klang mehr aussagen, als im Wörterbuch steht. So können wir zum Beispiel durch Homonyma, Wörter mit gleichem Klang und verschiedener Bedeutung, Stimmungen unseres Inneren ausdrücken, wobei die gebrauchten Wörter keine eigentlich psychologische Bedeutung haben.

Das Wort *Matsu* zum Beispiel bedeutet als Substantiv «die Kiefer», als Verb gebraucht aber «warten». Wenn also ein Liebender unter Kiefern wandelt, bedeutet das, daß er in dem Wäldchen auf seine Liebste wartet. Homonyme sind immer doppelgesichtig, zweideutig, analog und komplementär. Diese Andeutung ist das Geheimnis der japanischen Dichtung.

Nach der Form möchte ich nun die beliebtesten Gegenstände in unserer Dichtung erläutern. Durch die Kürze schon ist eine gewisse Stoffauswahl bedingt. Man kann sich kaum ein japanisches Gedicht vorstellen, das vom großen kreisenden Himmelsgestirn handelt, das das grenzenlose All mit seinen Strahlen erfüllt. Es gibt aber Tausende von Versen über den Mond. Manchmal werden zarte Gefühle beschrieben.

In Anthologien stehen am Anfang die Gedichte der Jahreszeiten, dann folgen Liebesgedichte und Verse des Mitleides. An der großen Zahl der Gedichte über die Natur, über Blumen und Vögel im Frühling, über den Mond und die Insekten im Herbst, über Schnee und Berge im Winter, über Ströme und Wolken im Sommer kann man sehen, daß es dem Japaner darauf ankommt, die geringen Dinge und das Detail zu erfassen. Durch die Beschreibung äußerer Gegenstände zeigen sie innere Gedanken, von denen sie prosaisch nur selten sprechen würden. Manchmal ist das Gedicht nicht mehr als ein Fingerzeig auf ein Objekt oder ein bloßer Stoßseufzer. Man muß sich unbedingt auf das besinnen, was im Gedicht nicht geschrieben worden ist, also zwischen den Zeilen steht.

Das japanische Gedicht, das ursprünglich gesungen wurde, wurde im Lauf der Zeit zum geschriebenen Gedicht und wandte sich an den literarischen Geschmack. Natürlich wurde es besonders in der gebildeten Klasse gepflegt und nahm hier den Platz der Liebesbriefe ein.

Ein Japaner kann mit Recht stolz sein auf die Ausdruckskraft seiner Sprache. Wie viele Wörter und Silben sind notwendig, um einen Gedanken, der im Japanischen epigrammatisch in 31 Silben und vielleicht nur 12 Wörtern ausgedrückt ist, ins Deutsche, Englische oder Französische zu übertragen!

Wenn die Dichtung auch im allgemeinen nicht immer den höchsten Kulturwert zeigt, steht aber außer Zweifel, daß sie die Repräsentantin der völkischen Kultur ist. Wir können hierfür als bestes Beispiel die japanische Dichtkunst nehmen.

Wie jedes Kulturvolk in seinen Anfängen dichterischer als in späteren Zeiten gewesen zu sein scheint, so machen auch unsere Urahnen in Japan hiervon keine Ausnahme. Nach den uralten Überlieferungen scheint es, als ob man in den frühen Zeiten alle Gedanken und Gefühle in Gedichtform ausgedrückt hat. Viele solcher Gedichte sind uns überliefert, das älteste läßt sich bis in mythologische Zeiten zurückführen, während wir die ältesten Dichtungen, die nach dem siebenten Jahrhundert zu erscheinen begannen, nicht als Epen ansehen, da sie meistens in Prosa verfaßt sind. Romane in gebundener Rede wurden viel später und sehr selten geschaffen; dagegen war die dramatische Dichtung größtenteils metrisch.

Wir können in fast allen unseren kleinen Gedichten das mit der Natur verwachsene Gefühlsleben des Volkes sehen. Es findet sich auch in dem folgenden Gedicht aus dem Manyōshū, der ältesten Gedichtsammlung Japans, die um das siebente Jahrhundert n. Chr. entstand. Es ist charakteristisch, daß das Volk in einer so frühen Zeit schon reine Naturdichtung kannte. Das Gedicht lautet in freier Übersetzung folgendermaßen:

> Der Berg Unebi hielt am Tage
> Zwiesprache mit den Wolken.
> Die Blätter der Bäume
> Wispern weiter:
> Weht mit dem Anbruch des Abends!

> *Unbekannter Dichter*

Von dem bei uns sehr bekannten Dichter Yamabe no Akahito, der gegen Ende des siebenten Jahrhunderts lebte, zitiere ich folgendes Gedicht:

Die Küste Waka verliert bei der Flut ihre Bucht.
Der schreiende Kranich fliegt nach dem Rohrstrand
hin.
Wie ich zum Tago-Strand hinausschaue,
Schneit es auf den Berg Fuji.
Weiß sieht er aus.

Es ist auch charakteristisch für das japanische Gedicht, daß der Dichter die Natur selbst in seine Liebesleidenschaft einzubeziehen sucht:

Haben meines Liebeskummers Tränen
Etwas gemeinsam
Mit der traurigen Stimmung des Herbstes?
Die Luft wird feucht
Wie mein Ärmel von Tränen.

Unbekannter Dichter

Was bei diesen Gedichten besonders auffällt, ist ihre kurze Form, obgleich sie durch die umschreibende Übersetzung schon viel länger geworden sind als das Original. Überdies gehören die erwähnten Gedichte zur längeren Gedichtform, die auf japanisch Waka oder Uta genannt wird. Das Waka soll weder mehr, noch weniger als einunddreißig Silben umfassen.

Wenn ich zum Beispiel das Original des eben erwähnten Gedichtes wiedergebe, klingt es so:

Ki-mi ko-u-ru
Na-mi-da wa a-ki-ni
ka-yo-e ba ya
so-ra mo na-mi-da mo
to-mo ni shi-gu-ru-ru.

Die kürzere Gedichtform heißt Haiku und hat nur
siebzehn Silben, die gerade der ersten Hälfte des
Waka entsprechen. Ich habe als erste Beispiele nur
Waka-Verse genommen, weil ich hier zunächst Pro-
ben aus den alten Zeiten, als es das Haiku noch nicht
gab, geben wollte.

Der Grund, warum die kurzen Formen so beliebt
waren, ist hauptsächlich im Volkstum zu suchen; es
ist das Prinzip des Grundausdrucks der japanischen
Kunst: «Komplementarität», nach dem viel wirksa-
mer sein muß, wenn nicht alles, sondern nur ein Teil
gesagt wird und das übrige hinzuzufügen der Vermu-
tung, Einsicht oder eigenen seelischen Erfahrung des
Lesers überlassen wird.

Es muß hier noch ein anderer Grund erwähnt
werden, denn ein ganz besonderer Umstand, von
dem kein zweites Beispiel in der Weltgeschichte der
Dichtung zu finden ist, hat zur Vorliebe für dichterische Sparsamkeit beträchtlich beigetragen.

Im Grunde genommen ist die japanische Lyrik
sowohl in der früheren wie auch in der späteren Zeit

keine Schöpfung, die nur der besonders begabte Mensch dem Publikum vorlegt, sondern ein Zwiegespräch, die künstlerische Unterhaltung, an der jeder Mensch, begabt oder unbegabt, teilnehmen kann. Man sagt zwar, daß die Dichtung an sich schon ein seelisches Gespräch sei, aber das ist nur bildlich gesprochen, denn es gibt in Wirklichkeit kein Gespräch, in dem nur einer spricht, während der andere kein einziges Wort sagt. Bei der Entstehung eines japanischen Gedichtes geht es aber tatsächlich wie bei einem Gespräch zu. Auf das Gedicht des einen Sprechers folgt das andere als Antwort. Wir hören in den folgenden zwei Gedichten ein Gespräch zwischen Liebenden. Das erste lautet:

> Das Gerücht, daß ich verliebt bin,
> Hat sich längst verbreitet;
> Doch ich liebe schon lange heimlich.

Das Antwortgedicht lautet:

> Wie gleichgültig ich mich auch zeige,
> Die Liebe leuchtet in meinem Gesicht,
> So daß man mich fragt,
> Warum ich nachdenklich bin.

Unbekannte Dichter

In uralten Zeiten, als es wahrscheinlich noch keine Buchstaben gab, müssen die Gedichte lediglich mündlich ausgetauscht worden sein, was auch in der späteren Zeit noch häufig der Fall war. Es gab sogar ein Gedichtliebesspiel (Utagaki), in dem Liebende ihre zarten Gefühle einander in Gedichtform mitteilten.

Dieser Umstand erklärt die sonderbare Kürze der Gedichte. Bei einem Gespräch, in dem man nur gehobene poetische Ausdrücke gebrauchen soll, ist es unmöglich, daß man lange ohne Pausen spricht. Wenn unser Gefühl irgendwie eine Grenze überschreitet, verliert unsere Umgangssprache ihre Ausdrucksmöglichkeit.

In der früheren Zeit galt es als Ausnahme, wenn ein Dichter nur seine eigenen Gedichte in einem Buch sammelte; eine Gedichtsammlung mußte in der Regel Verse vieler Dichter enthalten, die manchmal auf die Weise angeordnet wurden, daß zwei Gedichte von verschiedenen Dichtern paarweise nebeneinander zu stehen kamen. Das zweite Gedicht wurde dann Antwortgedicht (Kaeshi-Uta) genannt.

Ich möchte nun die Struktur des Gedichtes Waka oder Tanka beschreiben, wodurch allein wir das Wesen der Gedichte (Waka und Tanka) und ihren Entstehungsgang kennenlernen. Das Waka, das, wie schon gesagt, 31 Silben umfaßt, zerfällt in zwei Teile, von denen der erste 17 Silben und der zweite 14 Silben hat. Aber damit ist nicht gesagt, daß ein solches Gedicht zwei getrennte Sätze enthält, sondern es besteht meistens aus einem, seltener aus einem halben Satz.

Die Zweiteilung ist also nicht logisch, sondern

rhythmisch. Noch genauer gesagt hat die erste Hälfte drei Glieder, von denen das erste fünf, das zweite sieben und das dritte wieder fünf Silben enthält, und die zweite Hälfte zwei Glieder von je sieben Silben. Ich zeige hier ein Beispiel für die Struktur des Waka:

> Ha-ru ga-su-mi
>   ta-tsu ya o-so-ki to
> ya-ma ka-wa no,
>   i-wa-ma o ku-gu-ru
> o-to ki-ko-yu na ri.

Die wörtliche Übersetzung lautet:

> Frühlingsnebel
>   Kommen zu spät.
> Es warten Berg und Fluß.
>   Ich höre die Stimme,
> Wo Wasser zu Tal fließt.

Diese Struktur der sprachlichen Anordnung ist nicht abhängig von logischer Gestalt und grammatikalischem Gesetz, sondern vom Atemrhythmus. Man liest die erste Zeile von fünf Silben mit Ausatmen, und nach dem Einatmen liest man etwas langsamer die zweite Zeile mit sieben Silben, und die dritte Zeile liest man wie die erste. Alle japanische Dichtung hängt mit dieser Grundregel zusammen.

Es ist merkwürdig, daß in der japanischen Literaturgeschichte so viele unbekannte Dichter zu finden sind. So gibt es zum Beispiel in *Manyō-Shū, Kokin-Shū, Shin-Kokin-Shū* zahlreiche Dichter, die zum Teil wirklich unbekannt sind, und solche, die ihren Namen absichtlich nicht angegeben haben, weil sie auf ihre poetischen Ehren verzichtet haben. Der Japaner betont den Individualismus nicht so stark wie der Europäer; man sucht möglichst verborgen zu bleiben. Wir verehren die Namen, doch noch mehr verehren wir die Namenlosen.

Die schönsten Blumen sind namenlos. Namenlos ist der Ursprung des Alls. Das Namenhafte ist diesem Ursprung immer etwas entfremdet. Die Erscheinung braucht aber irgendeinen Namen, der den Prinzipien des Kosmos widerspricht. Deshalb, wenn man in dem ewigen NICHTS seine eigene Wirklichkeit sieht, wird man immer bescheidener und nähert sich der Wahrheit. Wie schön sind die namenlosen Blumen, die in einer vergessenen Ecke der Wiese bescheiden blühen. Der Name, der genannt wird, ist kein ewiger Ausdruck, weil der Name sich mit der Natur stets wandelt.

Es gibt einige Episoden über diese unbekannten Dichter. Taira no Tadanori, der Mitte des zwölften Jahrhunderts lebte, verlor mit seiner Familie die Macht und floh mit seinen Angehörigen nach Westjapan. Vor der Flucht brachte er hundert seiner Gedichte zu dem berühmten Gedichtmeister Fujiwara no Toshinari. Er äußerte Toshinari gegenüber den folgenden Wunsch: wenn sich bald die Gelegenheit zu einer Gedichtsammlung ergäbe, möge Toshinari dafür von seinen Gedichten eines auswählen; er, Tadanori, werde dann ruhig sterben. Toshinari wählte im *Senzai-Shū* ein Gedicht von Tadanori aus, es heißt:

> Die Kräuselung!
> Die alte Ruine von Shiga,
> Der alten Hauptstadt –
> Doch blühen die Bergkirschen
> Wie früher.

Toshinari nannte den Dichter «unbekannt».

Als Unterhaltungskunst entwickelte sich das *Waka* zu einer neuen Gedichtform. Da zwei Gedichte von verschiedenen Urhebern paarweise geordnet wurden, ist leicht zu verstehen, daß hieraus eine Art Dichtspiel entstehen konnte, in dem ein Gedicht von zwei Dichtern geschaffen wurde, eben weil es, wie zuvor gesagt, in zwei Teile zerlegt werden kann. Ungefähr vom zwölften oder dreizehnten Jahrhundert an wurde diese Dichtungsweise allmählich als höchste Leistung aufgefaßt und hat den Namen Renga (Kettengedicht) erhalten. Dabei wurden die zwei Hälften des Waka zusammen nicht mehr als eine Einheit angesehen, sondern die erste und die zweite immer weiter abwechselnd fortgesetzt, so daß in einem Renga manchmal hundert Gedichtteile vorkommen, die aber alle zusammen keine große Einheit auszumachen brauchen.

Obwohl das Renga-Spiel mehrere Jahrhunderte hindurch betrieben wurde, verdient es keine besondere Stellung in der japanischen Literaturgeschichte, sondern scheint vielmehr ein Übergangsstadium zum später entstandenen Haiku gewesen zu sein. Es ist selbstverständlich, daß wenige wertvolle Werke bei einer Dichtungsweise entstehen konnten, in der ein Dichter von dem anderen in seiner poetischen Begeisterung gehemmt wurde und er seine Phantasie unter das Joch eines fremden Gedankenganges stellen mußte. Dem natürlichen Gang der Dinge gemäß haben sich die einzelnen Versteile allmählich voneinander unabhängig gemacht. Die erste Hälfte des Tanka ist geeigneter dazu, ein selbständiges Gedicht zu werden als die zweite, weil sie drei Glieder hat und deshalb leichter mehrere Gedanken ausdrücken kann. Auf diese Weise ist die kürzeste Form des lyrischen Gedichtes, das Haiku, entstanden. Aber damit ist sein inhaltlicher Charakter noch nicht endgültig festgestellt.

Während das Waka einen ganz anderen Charakter als das Renga hat, hat das Haiku, das nichts anderes als ein Sprößling des Renga ist, selbstverständlich dessen Charakter geerbt. Es ist ein sehr interessantes Phänomen, daß die lange, zusammenhängende Gedichtform des Renga in die kürzere Form des Haiku übergegangen ist. Wir können mehrere historische Gründe dafür aufzählen. Doch der wichtigste Grund war die Wandlung der Kulturträger in der damaligen Zeit, und besonders entscheidend war der Einfluß des Zen-Buddhismus.

Bis das neue Gedicht seine Eigenart ausgebildet

hatte, mußte es von den Dichtern des bürgerlichen Standes gepflegt werden. Diese Entwicklung fiel in das 16. Jahrhundert, den Beginn der Pflege von Dichtung und Kultur durch den Bürgerstand. Es war jedoch im Anfang schwer, das Gedicht seiner niederen Züge eines Gesellschaftsspiels zu entkleiden. Das Haiku wurde geradezu der Erzieher des Bürgers, die Quelle der bürgerlichen Bildung, und hat sich wegen seiner einfachen Form schnell in dem ganzen Stande verbreitet. Während das Volk die Gedichtform der vornehmen oder gelehrten Kreise beibehielt, stieg das Haiku zugleich mit dem Bürgertum zu kultureller Höhe auf. Und kaum 100 Jahre später gingen berühmte Dichter aus dem Volk hervor. Die Massenkommunikation der Haiku-Dichtung verbreitete sich rasch im ganzen Volke. Der bedeutendste Dichter ist Bashō. Er hat das Haiku zu hohem poetischem Wert erhoben. Der strengen Form der Haiku-Dichtung vermochte er die Seele seiner erleuchteten Naturschau einzuhauchen. Er versteht die Natur von innen her, spürt das feine Weben und Wachsen ihres Lebens im Wechsel der Monde und findet dafür den jeweils gemäßen Ausdruck im Haiku.

Der Dichter Bashō hat das Haiku zu einer eigenen Gattung lyrischer Dichtung gemacht, die zum Hintergrund eine fast nur von der Seele heraufzubeschwörende Landschaft hat, was auch das Hauptthema des Gedichtes ist. Das Haiku ist also die eigentliche Naturdichtung der japanischen Seele. Ich übersetze hier das berühmteste Haiku von Bashō:

Alter Teich.
Fröschlein hüpft hinein –
Wasser tönt in Ruhe.

Dieses Gedicht, das fast alle Japaner auswendig kennen, wurde verfaßt von dem Dichter Bashō zu einer
Zeit, da er an einem sowohl für ihn als auch für das
Haiku überhaupt sehr bedeutenden Wendepunkt
stand. Bis dahin war er ein bloßer Anhänger der
Danrin-Schule, die ihm die sprachlichen Kunstmittel
nahebrachte, gewesen. Im folgenden Kapitel möchte
ich einige der bekannten Haiku in diesem Stil anführen, damit wir durch Vergleich den höheren literarischen Wert der Gedichte der Bashō-Schule erkennen
können. Die Charakteristik des Haiku ist in der
folgenden Dichtung deutlich zu erkennen:

Da mir mein Schöpfeimer
    Von der Ranke der Winde geraubt wurde,
Bat ich um Wasser.

Kaga no Chiyo (1703–1775)

Ein Mädchen von einfachem Stande hat sich durch
dieses Gedicht in ganz Japan mit einem Mal als
Dichterin bekannt gemacht. Wir verstehen den Sinn
dieses Gedichtes wie folgt: Am Brunnen wuchs eine
Winde und wickelte in einer Nacht ihre Ranken um
den Schöpfeimer. Die japanische Trichterwinde, die
nur am frühen Morgen ihre Blütenkelche öffnet und
also schön und lieblich an dem Eimer blühte, flößte

26

dem Mädchen ein solches Mitleid ein, daß sie sie nicht von dem Eimer abreißen mochte. Die Trichterwinde war eine Verkörperung der Naturschönheit selbst, die das Mädchen bezauberte. Sie zeigt in diesem Gedicht in siebzehn Silben die mystische Schönheit der Natur. Diese Blume war die Verkörperung des Schönen an sich.

Wir verehren in der Haiku-Dichtung den unmittelbaren Ausdruck der Seele. Man darf kein Stückchen Vernunft in der Dichtung schwimmen lassen. Dichtung ist nicht die Begriffsgestalt, und der Dichter darf nicht ein logischer Grübler sein. Die seelische Schöpfung gibt dem Gedicht immer den unmittelbaren Ausdruck des kosmischen Urbewußtseins, das vom Japaner gerne das «bewußtseinslose Bewußtsein» genannt wird.

Es gibt auch eine sehr interessante Anekdote über Frau Chiyo. Sie hat einmal einen Dichter besucht. Er gab ihr als Aufgabe, über den Kuckuck zu dichten. Sie versuchte es mit allen erdenklichen poetischen Formen. Nachdem sie die ganze Nacht hindurch überlegt hatte, wurde sie plötzlich zu folgenden Versen inspiriert:

Kuckuck!
Und Kuckuck.
Es ist schon frühmorgens.

Sie schöpfte dieses Gedicht aus dem tiefsten Urgrund ihres Bewußtseins. Das ist nichts anderes als absolute

Erfahrung. Ihr Meister Ro Gembo nennt dieses Gedicht «das beste Gedicht über den Kuckuck». Was Frau Chiyo suchte, ist die absolute Einheit des Menschen, des Wortes und der Welt. Diese Einheit kann man nur durch die Durchbrechung des alltäglichen Bewußtseins erleben. Die Anzahl der Worte bedeutet nicht die Qualität des Gedichtes. Die poetische Schönheit ist nicht Traum, sondern die wahre seelische Wirklichkeit.

DIE WANDLUNG DER DICHTUNG JAPANS

Die ältesten japanischen Gedichte entstanden in der autochthonen Zeit, in der der japanische Staat noch nicht bestand. Diese Gedichte sind in der altjapanischen Geschichtssammlung *Kojiki* enthalten. Der erste Dichter Japans war Susanō no Mikoto, der Bruder der Sonnengöttin Amaterasu Ōmikami. Er wurde von ihr verbannt, weil er seine Gewalt im Himmel mißbraucht hatte, zur Erde geschickt und kam dann nach Japan in die Provinz Izumo. Dort hat er ein Gedicht gesungen, das erste japanische Gedicht:

> Die Wolken streifen
>> Um das Land Izumo.
> Oh! Mein schönes Land!
>> Ziehende Wolken
> Mehr und mehr.

In diesem Gedicht findet man die echte Form noch nicht.

Tausend Jahre nach Susanō no Mikoto lebte der

Kronprinz Yamato-Takeru no Mikoto («Der Stärkste Prinz in Yamato» d. h. in Japan), ein Dichter der
japanischen Antike. Er ist in seiner Jugendzeit von
seinem Vater, dem zwölften Kaiser Keikō, nach
Westjapan geschickt worden, um dort einen Auf-
stand niederzuschlagen. Nach seiner triumphalen
Rückkehr in die Kaiserhauptstadt hat sein Vater, der
die Macht seines Sohnes fürchtete, ihn unverzüglich
nach Ostjapan gesandt, um auch dort Rebellen zu
bekämpfen. Nach siegreichem Kriegszug starb Yamato-Takeru no Mikoto jedoch auf dem Berge Ibuki,
bevor er den Heimatboden wieder betrat.

Er schrieb das folgende Gedicht:

> Meine Heimat Yamato,
> Ich ersehne dich.
> Wolken streifen über den Berg.
> Oh, meine schöne
> Heimat, Yamato!

Er sah seine Heimat Yamato vor sich, aber er konnte
sie in seiner Todeskrankheit nicht mehr erreichen. Er
starb voll Sehnsucht nach ihr und schrieb sterbend
noch ein Gedicht mit einem Wunsch an sein Gefolge:

> Die ihr lebend nach Hause kommt,
> Laßt eure Kinder ein Baumblatt vom
> [Berge Hegri]

Ins Haar stecken.
So seht ihr euch zu Hause wieder
Voll Freude.

Nach seinem Tode soll seine Seele als ein großer
weißer Vogel zum Himmel geflogen sein.

Nach dem *Kojiki* folgt die erste große Gedichtsammlung, das *Manyō-Shū*, was bedeutet «Die
Sammlung der Zehntausend Blätter». Diese Sammlung umfaßt 20 Bände mit 262 langen Gedichten,
4173 kurzen Gedichten und 61 Gedichten in anderer
Form, insgesamt 4496 Gedichte. Die Sedōka (lange
Gedichte) im *Manyō-Shū* sind eine Form, die später
verschwunden ist.

Der Kompilator des *Manyō-Shū* war vermutlich
der Kaiserliche Hofadlige Ōtomo no Yakamochi. Er
hat alle bedeutenden Gedichte der Zeit vom dritten
bis zum achten Jahrhundert zusammengetragen; Gedichte, die von allen Ständen geschrieben wurden,
vom Kaiser bis zum Bauern. Der bedeutendste Dichter, Kakinomoto no Hitomaro († 720), lebte im
siebenten/achten Jahrhundert. Er war kaiserlicher
Hof-Gedichtmeister unter dem 39. Kaiser Jitō und
dem 40. Kaiser Mombu. Seine Gedichte sind kraftvoll und ausdrucksstark in der Form, feinsinnig und
empfindungsstark im Inhalt. Oft hat er den Abschied
von seiner Frau und die Natur besungen. Das folgende Gedicht gleicht einer alten Ode über die Schöpfung:

Gebirge und Meereswogen umgeben mich;
  Es türmen sich zum Himmel die Berge.
Verankert liegt der Ozean unveränderlich. –
Der Mensch ist ein Nichts,
Geboren zu sterben.

Er besingt oft unmittelbar die Liebe zu seiner Frau:

Am Meer von Iwami
  Zwischen Bäumen
Vom Berge Utsuta
  Sieht meine Frau
Meine winkende Hand.

Ein Zeitgenosse von Hitomaro war der große Dichter
Yamabe no Akahito († 735). Im *Manyō-Shū* sind 49
seiner Gedichte überliefert, deren beliebtestes Thema
die Darstellung der Natur ist. Sein Talent ist nicht so
groß und stark wie das Hitomaros, aber von reiner
Ausdrucksform. Seine Naturanschauung ist Verborgenheit und Versenkung in die Natur; er lebt mit der
Natur.

Von den Zweigen der Bäume
  Des Berges Kisa
In Yoshino
  Höre ich Vogelgesang
Schallen hin und her.

In tiefer Mitternacht
Höre ich Vogelgesang
Vom klaren Fluß.
Tiefe Stimme!

Zur Frühlingswiese
Komme ich Veilchen pflücken
Und sinke sehnsuchtsvoll
In tiefen Schlaf
Ins Gras.

Zur Bucht von Togo
Komme ich und sehe
Weiß umhüllt
Den Fuji-Berg emporsteigen.
Es ist, als fiele Schnee auf uns.

Ein philosophischer Dichter war Yamanoue no Okura (660–733). Er war sehr stark vom Konfuzianismus
beeinflußt. Als Staatsbeamter und Diplomat lebte er
eine Zeitlang in China; später wurde er zum Provinzgouverneur ernannt. Seine Gedichte sind im fünften
Band des *Manyō-Shū* zu finden. Sie sind immer etwas
intellektuell, nachdenklich und idealistisch, und meistens haben sie einen traurigen Unterton, in dem er
die Tragödie des menschlichen Lebens ausspricht. Er
war ein Humanist, der als Mensch von Schicksal und
Freude trunken war. Er war ein Lebensdichter. Sein
eigenes Leben war nicht sehr glücklich. Das bedeutendste und innigste Gedicht von Yamanoue no
Okura ist dies:

Ich esse eine Melone
Und denke an meine Kinder;
Ich esse eine Kastanie
Und denke an sie, die ich liebe.
Woher kamen sie, mein Leben zu erhellen?
Meinen Augen entschwinden sie,
So daß der Schlaf mich meidet.

Wir können uns genau sein warmes Herz und seine
Kinder vorstellen. Ein andermal sagt er:

Silber, Gold und Edelsteine
Sind nicht so kostbar
Wie unsere Kinder.

Ōtomo no Tabido (660–731) stammt aus der vornehmen alten Familie Ōtomo, die mit der kaiserlichen
Familie verwandt war. Sein Großvater war Minister.
Tabido war von fröhlicher Natur, seine Weltanschauung war taoistisch ausgerichtet. Seine Verse
sind klar und unkompliziert. Er schrieb einmal:

Da ich in diesem Leben
So fröhlich bin,
Werde ich, wiedergeboren,
Vielleicht
Ein wilder Vogel sein.

Ōtomo no Yakamochi (717–785) war der Sohn von
Tabido. Er war zunächst hoher Beamter im kaiserli-

chen Hofministerium. Später wurde er Provinzgouverneur und dann Kriegsminister; zuletzt verlor er
jedoch im politischen Machtkampf seine Stellung. Er
hatte kein besonderes poetisches Talent und nicht
einen so schöpferischen Geist wie sein Vater. Aber er
war bestrebt, eine neue poetische Ausdrucksform zu
finden. Seine Gedichte sind sehr ernst, lebensnah und
oft tief. Mit besonderer Vorliebe hat er die Natur
beschrieben:

Über die Frühlingswiese
Streift tiefer Nebel.
Traurig bin ich, wenn ich
Die Abendstimme
Der Nachtigall höre.

O schöner Tag
In der Frühlingssonne.
Die Lerche steigt in den Himmel.
Trotzdem bin ich traurig,
Wenn ich ruhig nachdenke.

Am frühen Morgen
Höre ich
Den fernen Gesang
Der Fischer
Auf dem Izumi-Fluß.

Yakamochi war das Haupt der niedergehenden Ōto-
mo-Familie. Sein Leben endete tragisch.

Der Verfasser des folgenden Gedichtes aus dem *Manyō-Shū* ist unbekannt:

An ein fahrendes Boot denke ich,
  Das im Dämmerlicht
In dichtem Nebel
  Zwischen den Inseln der Akashi-Bucht
Lautlos dahinschwindet.

Die Gedichtsammlung, die später auf das *Manyō-Shū* folgt, ist das *Kokin-Shū*. Sie ist auf Veranlassung des 60. Kaisers Daigo von den Dichtern Ki no Tsurayuki († 942), Oshikochi no Mitsune, Ki no Tomonori und Mibu no Tadamine zusammengestellt worden. Das *Kokin-Shū* enthält in zwanzig Bänden 1100 Gedichte und behandelt im Prolog die Gedichttheorie, die Formen und Typen der Gedichte, und erzählt über sechs große Dichter. Die Gedichte sind geordnet nach ihren Themen: Jahreszeiten, Feste, Abschied, Reisen, Namen, Liebe, Trauer, Gedichte verschiedener Art und verschiedener Typen. Diese Gruppierung wurde das Ordnungsprinzip auch der späteren Gedichtsammlungen.

Sechs Dichter ragen in der Sammlung *Kokin-Shū* hervor. Arihara no Narihira (822–877) war der Enkel des 51. Kaisers Heizei (Regierungszeit 806–810). Sein Leben war von Leidenschaft und Liebe erfüllt. Trotzdem ist der tragische Zug in ihm nicht zu übersehen.

Ich habe früher einmal gehört,
  Daß ich diesen Weg
Gehen soll.
  Ja, aber ich habe nicht geahnt,
  Daß ich ihn heute gehen muß.

    Wenn ich träume
      Um Mitternacht,
    Fühle ich mich oft
      So armselig und weh.

Am Himmel leuchtet der Mond,
  Aber der Frühling ist nicht mehr so schön,
Wie ich ihn einmal erlebte.
  Ich bin allein
Und ein Stück Natur.

Er war zu leidenschaftlich, um ein dauerndes Glück
zu finden.

  Meister Henjō (815–890) war Hofadliger und Ge-
neral der Kaiserlichen Garde gewesen. Der 55. Kaiser
Nimmyō hat ihn sehr geliebt; nach des Kaisers Tod
wurde Henjō Mönch und war als solcher eine sehr
angesehene Persönlichkeit. Er hatte viele Anhänger.
Seine Gedichte sind zauberhaft, sauber und tief.

    Nichts ist so rein
      Wie die Seele der Lotusblume.
    Warum will sie uns glauben machen,
      Die Tautropfen auf ihren Blättern
    Seien Perlen?

Um den Grabstein des Toten
Rankt sich die Blume,
Wenn auch ihre Zweige zerreißen.

Ono no Komachi war Dichterin. Sie hat ihr ganzes
Leben der Liebe geweiht. Sie war in ihrer Jugend sehr
stolz auf ihre außergewöhnliche Schönheit, aber sie
wurde immer trauriger, als ihre Schönheit von Tag zu
Tag verblaßte. Ihr Empfinden kommt in ihren Gedichten zum Ausdruck. Sie sind anfangs sehr leidenschaftlich, aber nach und nach verhaltener und tiefer.

Ihre Farbe
    Verlieren die Blumen.
Mein Leben
    Entschwindet so
Und verblaßt.

Herbstabend
    Ist jetzt ein leerer Name.
Früher mit dem Geliebten
    Verging die Zeit so schnell,
    Und zu früh kam das Morgenrot.

In die Blütenpracht
    Verloren war mein Blick –
In Gedanken an meinen Leib.
    Beklommen war mein Glück
Als sie herniedersank.

Ōtomo no Kuronishi war ein anderer der sechs großen Dichter.

Wenn du so tief liebst,
Bist du wie der Vogel,
Der tausend Meilen fliegt.

Ki no Tsurayuki war der erste Gedichttheoretiker in Japan. Er ist es, der im Prolog zum *Kokin-Shū* die Gedichte theoretisch geordnet hat. Er berührt im Prolog die Aufgabe der Dichtung. Er sagt:

Ohne Gewalt bewegen sich Himmel und Erde,
Es erbarmt sich unser der unsichtbare Gott; –
Vermittelt die Beziehung zwischen Mann und
Frau,
Tröstet den Geist des starken Ritters
Das Gedicht.

Wertvoll ist sein Tagebuch *Tosa-Nikki*. Seine Gedichte sind intellektuell und von feiner Technik und haben einen angenehmen Wortklang.

In Kasuga
Pflücken die Damen
Auf der Wiese Blumen.
Ihre weißen Ärmel
Wehen hin und her.

Mit dem letzten Frühlingswind
Fallende Kirschblüten
Zaubern auf wasserlosen Himmel
Sanfte weiße Wellen.

Ōshikōchi no Mitsune dichtete frei von zeitlichem
Überschwang, beständig und ruhig. Sein Gefühls-
ausdruck ist immer mittelbar und nachdenklich.

Über den weißen Ufersand
Geht ein einsamer Reisender.
Horch,
Hoch oben ruft ein Vogel
Lang.

Ein typisches Gedicht von Ki no Tomonori, das alle
Japaner lieben:

Am Frühlingstag mildert der Duft
Das Leuchten der Sonne.
Unmerklich sinken
Nach und nach
Die Blütenblätter.

Der Japaner fühlt in diesem Gedicht das reine ästhetische Gefühl in vollkommener Weise ausgedrückt,
das er «Mono-no-Aware» nennt. In dem Begriff
«Mono-no-Aware» verschmelzen Einsamkeit, Traurigkeit, Schönheit, innerlicher Trost und Ruhe. Jedes
ästhetische Empfinden, das sich später entwickelt

hat, hat seinen Urgrund in «Mono-no-Aware», wodurch die japanische Romantik bezeichnet ist.

Zu der Zeit, in der die Gedichte des *Kokin-Shū*
entstanden, lebten andere bedeutende Dichter, deren
Gedichte nicht im *Kokin-Shū* enthalten sind. Einer
von ihnen ist Sugawara no Michizane (849–908). Er
war der höchststehende Minister, aber an seinem
Lebensabend verlor er seine Machtstellung. Er wurde
nach Westjapan ins Exil geschickt. Er drückte den
sein Herz zerreißenden Gram im Gedicht aus und
wendete sich statt an seine Familie an den Pflaumenbaum in seinem Garten. Am Tage seiner Abreise
schrieb er dieses Gedicht:

> Wenn der Ostwind weht,
> Sende mir deinen Duft,
> Du mein Pflaumenbaum.
> Wenn dein Herr auch ausbleibt,
> Vergiß den Frühling doch nicht.

Fujiwara no Yoshihusa (804–872) war eine Zeitlang
stellvertretender Kaiser und Ministerpräsident und
Haupt der Fujiwara-Familie, die damals unter dem
Kaiser die mächtigste Familie in Japan war. Er sagt:

> Die Jahre vergingen,
> Alt bin ich geworden,
> Es ist nicht zu leugnen.
> Doch wenn ich rings die Kirschblüten sehe,
> Wie freudig wallt mir die Seele.

Seit der *Kokin-Shū*-Sammlung bis zur Muromachi-Zeit im 15. Jahrhundert entstanden 21 kaiserliche Gedichtsammlungen. Ich möchte aus dieser Zeit nur die bedeuten dste Sammlung hervorheben.

Auf Wunsch des Kaisers Kazan schuf im 11. Jh. der Hofadlige Fujiwara no Kintō († 1038) eine neue Sammlung ausgewählter Gedichte, das *Shui-Shū*. Er traf die Auswahl nach dem Muster des *Kokin-Shū*. Der Gedichtstil dieser Sammlung ist nicht so technisch verfeinert und intellektuell; die Gedichte sind weicher und gefühlsbetont in der Ausdrucksform. Die berühmtesten Dichter waren die Hofdamen Izumi Shikibu und Sone no Yoshitada.

Izumi Shikibu war die talentierteste Dichterin ihrer Zeit. Ihr Leben war sehr leidenschaftlich. Sie war die Tochter eines Provinzgouverneurs und heiratete selbst einen Provinzgouverneur. Zwei kaiserliche Prinzen haben sie gleichzeitig verehrt. Später hat sie nochmals geheiratet, wieder einen Provinzgouverneur. Ihre Gedichte sind ein unmittelbarer Ausdruck ihrer strömenden Leidenschaft, aber trotzdem klingen sie oft tief und traurig.

Oh! Unsagbar.
Wem könnte ich recht zeigen
Die Pracht der Sommerblumen?

Trauer und Liebe
Sehe ich gespiegelt
Im Mondschein am Herbstabend.

In der Abenddämmerung
Werde ich immer traurig,
Wenn ich die Glocke höre.
Ich weiß es nicht mehr,
Ob ich sie morgen wieder hören kann.

Aus der Leidenschaft und Liebestrunkenheit der
Jugend fließt ihr Leben langsam in eine tiefe Nach-
denklichkeit und Trauer in dem Gedanken an den
Tod. Es war eine typische Rückkehr in die Heian-
Romantik.

Sone no Yoshitada singt:

Weine, weine,
Kleine Grille am Zaun;
Mehr und mehr
Wird es Herbst.

Über dem weiten Meer,
Wohin keine Wolke zieht,
Glänzen und blitzen silberweiß
Schwebende Möven
Am Sommertag.

Niemand besucht mich.
Doch die Blätter fallen.
Der Gesang der Insekten
Verklingt immer mehr
Von Tag zu Tag.

Ich möchte dem
  Der sie tief besinnt,
Die schöne Frühlingslandschaft zeigen
  Bei Naniwa in Tsunokuni.

Die Gedichte von Minamoto no Tsunenobu haben
stets einen frischen Wortklang und sind im Stil
ähnlich denen von Sone no Yoshitada. Von ganz
besonders hübschem Klang sind die Worte dieses
Gedichtes, das alle Japaner sehr lieben:

Im Abenddämmern
  Geh' ich zum Reisfeld
Bei Kadota.
  Dort streicht der Herbstwind
Um das Landhäuschen.

Die japanischen Worte besingen in lieblicher Weise,
wie er am herbstlich goldenen Reisfeld steht, über das
der Wind geht und leichte Wellen um Wellen nach
sich zieht. – Er war ein Vorgänger des Yūgen-Stils,
der sich in der nächsten Periode entfaltet hat.

Ich schlafe draußen auf dem Feld
  Und höre im Morgenlicht
Die Hirsche rufen.
  Der Wind weht weich
Durch das Reisfeld.

Rauch
   Steigt über dem Fischerhäuschen
Bei Shiogama
   Verschwommen
Durch den Nebel auf.

Minamoto no Toshiyori dichtet:

Ich staune
   Über den weichen Abendwind,
Der über Blüten und Blätter weht.
Ja, mit ihm
Ist der Herbst gekommen.

   In der Dämmerung
      Schwanken die Blumen
   Am Wiesenrand
      Im leichten Abendwind.
   O schöne Landschaft, die mich umgibt.

Zu Ende des 12. Jahrhunderts entstand die Sammlung
Senzai-Shū mit einem Umfang von 20 Bänden. Auf
Veranlassung des Exkaisers Shirakawa hat der Hofadlige Fujiwara no Toshinari (1114–1204) diese
Sammlung zusammengetragen. Die Gedichte sind
meist zart und etwas geheimnisvoll, mystisch, im
sogenannten Yūgen-Stil gehalten. Die japanische Gedichtform Waka hat im *Senzai-Shū* ihre Vollendung
gefunden. *Yū* bedeutet geheimnisvoll, *gen* meint
geschickt. Man muß in die mystische Geisteswelt

eingedrungen sein, um diese Gedichtform hervor-
bringen zu können.

Neben Toshinari war der berühmteste Dichter
Saigyō. Er war zuerst Gardeoffizier am Kaiserhof,
später ist er Priester geworden. Er singt seine Gedichte auf der Reise in der Natur. Seine Gedichte sind
nicht nur im *Senzai-Shū* enthalten, sondern er hat
eine eigene Sammlung seiner Gedichte.

Den mystischen Klang haben auch die Gedichte
von Fujiwara no Toshinari:

Wie schade, ihr Kirschenblüten,
　　Daß ihr euch so eilig entblättert.
Warum folgt ihr des Frühlings Seele nicht,
　　Die so friedvoll, so heiter,
So in sich beseligt?

　　Ich wohne so einsam dort,
　　　　Wo mich niemand besucht.
　　Aber in tiefer Nacht
　　　　Besucht der klare Mondschein
　　Meine Hütte.

Abendstunde;
　　Herbstwind vom Felde
Dringt tief in mein Herz. –
　　Und Wachteln nah und fern
Im Dickicht des Fukagusa.

Fukagusa ist ein Gras und der Name des vom Dichter sehr geliebten Vororts von Kyōto, das damals die Hauptstadt war.

Priester Saigyō war ein Naturdichter. Er lebte in der Natur, er sang in der Natur. Seine Gedichte sind unmittelbarer Ausdruck dieses Erlebnisses. Trotzdem bleibt seine Aussage im Menschlichen, er hat sein Erleben nicht transzendiert. Es gab in der damaligen Zeit keinen Naturdichter, der Saigyō gleichkäme.

Eines Tages werde ich, ach,
  Aus dieser Welt hinscheiden.
Doch ewig verlangt mein Herz
  Nach dem Mond,
Nach dem Mond.

Noch lange in künftigen Zeiten
  Stehe hier sprießend wie heute,
Gedenke unserer Freundschaftstage
  Nach meinem Tod noch, o du Kiefer.
Mein Los ist's, zu leben, ungekannt,
                            ungeliebt.

Der windverwehte Rauch des Fuji,
  Fern schwindet er hin.
Wer weiß das Los
  Meiner Gedanken,
Die mit ihm schweben.

Die Blätter der Eichenbäume,
   Noch bevor sie die Farbe tauschten,
Liegen alle herabgeweht
   Über dem Pfad zum Bergkloster,
Über dem Pfad, einsam und öde.

Auch der Priester Jien (1155–1225), dessen Gedichte im *Senzai-Shū* überliefert sind, dichtete im Geiste des Yūgen.

Laßt uns den Wind
   Nicht ungerecht schelten,
Wenn er die Blüten so grausam entblättert.
   Vielleicht verlangt es sie selber
Dahinzuschwinden, bevor ihre Zeit kam.

Die Sammlung *Shin-Kokin-Shū* entstand in der folgenden Zeit. Auf Anregung des Exkaisers Gotoba wurde sie zusammengestellt von dem Hofadligen Fujiwara no Sadaie, der ein Sohn von Fujiwara no Toshinari war und als Generalleutnant der kaiserlichen Garde dem Kaiser diente.

Die Sprache des *Shin-Kokin-Shū* gilt heute noch als höchste Kunst. Der Stil ist raffinierter und symbolträchtiger als der im *Senzai-Shū*; das letzte Wort des Satzes ist zumeist ein Substantiv.

Besonders bedeutende Dichter waren Fujiwara no Sadaie (1162–1241) und Fujiwara no Ietaka. Sadaie war sehr berühmt als Theoretiker und philologischer Erforscher der japanischen klassischen Lyrik, über

die er drei Bücher schrieb. Den von seinem Vater
geschaffenen Yūgen-Stil entwickelte er weiter zum
Yūshin-Stil. Was die Idee betrifft, ist dieser weniger
mystisch als Yūgen, doch ästhetisch verfeinerter;
obwohl sein bevorzugtes Thema die Darstellung der
Natur ist, ist der Ausdruck beseelter.

Sind es Blumen?
 Ist es der Rotahorn?
Ich kann es nicht unterscheiden,
 Das Rot,
Das in der Dämmerung
 Dort hinter der Hütte leuchtet.

Der Schnee fällt
 So dicht,
Er läßt mir keine Zeit,
 Den Mantel abzuschütteln,
Der Abendschnee in Sano.

Nirgends ist jetzt mehr
 Der Frühling.
Ich schelte den Wind und die Welt nicht,
 Denn im fernsten Winkel von Yoshino
Ist keine Kirschblüte mehr zu erblicken.

Fujiwara no Ietaka war ein Schüler Fujiwara no
Toshinaris. Seine dichterische Fähigkeit ist größer als
die von Sadaie, sein Ausdruck verfeinert; er möchte
unmittelbar die Natur darstellen.

49

Wer sich allein nach der Kirschblüte sehnt,
Dem möchte ich den Frühling zeigen,
Wie er aus einem Fleckchen Grün aufglänzt,
Inmitten des weißen Dorfes
In den Bergen.

Wenn die Pflaumenblüten duften,
Muß ich wieder daran denken.
Das Mondlicht glimmt
Auf meinem Ärmel,
Der naß von Tränen ist.

In der Bucht von Shiga
Entsteigt im Morgendämmern
Der Mond den brodelnden Wogen,
Als sei er
Im Eiswind erstarrt.

Im Mondlicht
Auf dem Meer von Sagi
Erbleichen weiß die Wellen
Und zeigen uns
Den Herbst.

Im *Shin-Kokin-Shū* findet sich dieses Gedicht eines
unbekannten Dichters:

Die heimkehrenden Wildgänse
Verloren ihren Weg
Und irren auf dem Wolkenpfade.
Ihrer Stimmen Klagen
Hallen in meinem Sinn.

Das Wesen des Shin-Kokin-Stiles ist Yūgen und Yūshin. Diese sind höchste Dichtkunst in Japan und bedeuten das Ideal des absoluten Schönheitsbewußtseins. Natürlich ist dieses Bewußtsein von der buddhistischen Weltanschauung beeinflußt worden. Das Wesen dieses Bewußtseins ist Tief- und Nachklang. Der Japaner sucht in dem Wesen außer der Gestalt etwas mehr Verborgenes und Geheimnisvolles. Dieses geheimnisvolle, verborgene Etwas ist nicht nur eine Geschicklichkeit im Geheimnisvollen, sondern vielmehr die Seele des Schönen. Tiefste Schönheit ist immer verborgen.

Prinzessin Shikiko deutet dieses verborgene Wesen an, wenn sie singt:

Wenn ich hinausschaue,
Zeigt sich
Unvorstellbar
Der Himmel im Dämmern
Des Frühlingsabends.

Wie bin ich traurig,
   Wenn die Abendglocke tönt
Vom Hazeberg.
   Alles Vergangene und Verborgene
   Entschwindet fern mehr und mehr.

Wenn man dieses Gedicht hört, fühlt man, daß etwas tief in das Geheimnisvolle und Verborgene eindringt. Das ist Vertiefung des Schönen, das in der irdischen Gestalt nicht mehr erscheint.

Es soll nicht versäumt werden, hier auf den berühmtesten Dichter der damaligen Zeit einzugehen, dessen Einfluß auf die japanische Dichtung bis heute ständig spürbar gewesen ist: es ist Minamoto no Sanetomo. Er war der Sohn von Minamoto no Yoritomo, der als erster vom Kaiser den Titel «Generalissimus» (Sei-I-Daishōgun) erhielt und in Japan regierte. Sanetomo war der dritte Generalissimus und stärkste Machthaber im Japan der damaligen Zeit. Aber seine politische Stellung war für ihn nicht leicht. Als er 28 Jahre alt war, wurde er ermordet. Als Dichter gebührt ihm größerer Ruhm als als machtvollem Regierungschef. Sein Lehrer der Dichtkunst war Fujiwara no Sadaie. Dieser schenkte ihm als seinem hervorragenden Schüler die Sammlung *Manyō-Shū*, und Sanetomo hat unter dem Einfluß des *Manyō-Shū* einen eigenen Gedichtstil geschaffen. Seine private Gedichtsammlung *Kinkai-Shū* hat einen ganz eigenen Gedichtcharakter, den Manyō-Stil. Der Ausdruck ist männlich und kräftig wie seine

Persönlichkeit als Haupt der Krieger und so harmonisch wie seine Warmherzigkeit und Humanität.

So kraftvoll auch die Wellen
  Donnernd strömen,
Sie reißen, zerschellen,
  Zerspringen
Am Ufergestein.

  Ich kann meinen Tränen
    Nicht gebieten,
  Wenn ich sehe,
    Wie ein verlorenes Kind
  Seine Mutter sucht.

Als ich noch schlief,
  In Träumen zerrissen,
Rührte leise die Frühlingsluft,
  Von sanftem Pflaumenduft begleitet,
Das Schlummerkissen der Nacht.

Am Tage seines Todes war ihm schon die unmittelbare Gefahr, in der er infolge eines Machtkampfes stand, bewußt. Sein Diener hatte ihm empfohlen, unter der Hofkleidung den Panzer zu tragen. Aber Sanetomo sagte: «Wenn Gott will, kann man mich töten. Wenn Gott nicht will, kann man mich nicht töten.» Er ging zum Familienschrein, um für die kaiserlichen Gnaden zu danken. Auf dem Wege vom Schrein zu seiner Residenz wurde er ermordet. Vor

dem Gang zum Schrein sang er in seinem Garten ein
Gedicht zum Abschied von der irdischen Welt an den
Pflaumenbaum, den er sehr liebte:

> Laß deinen Duft wehen
> In die Ärmel meines Gewandes
> Als deines Lebens letzten Hauch,
> Du, der Pflaumenblüte Unschuld,
> Die du, unausgegeben,
> Schon erdwärts schwinden mußt.

Bei den japanischen Rittern ist es Sitte, vor dem Tod
ein Abschiedsgedicht zu singen, in dem sie ihre
Lebensauffassung in kurzer Form mitteilen.

Im späten Mittelalter, im 14. Jahrhundert, entwik-
kelte sich die Kettendichtung, Renga genannt, die in
der Neuzeit zum Haiku umgestaltet wurde.

Bei der Renga-Dichtung verfaßt jemand einen
Halbvers, der die gleiche Silbenzahl wie ein Waka
hat, und ein anderer vollendet das Gedicht, indem er
den zweiten Vers mit der gleichen Silbenzahl hinzu-
fügt. Auf diese Weise können Kettengedichte mit
fünfzig, hundert oder gar mehreren hundert Vers-
gliedern entstehen. Die Anfänge des Renga waren
schon in der Zeit des *Manyō-Shū* und *Kokin-Shū*
entstanden, aber um diese Zeit galt es als Spiel und
beschränkte sich auf zwei Versglieder. Erst im Mittelalter dichtete man Ketten von fünfzig und mehr
Gliedern.

Für die Renga-Dichtung gab es bestimmte Regeln:

der erste Vers muß mit 5 - 7 - 5 Silben ein vollständiges Gedicht sein. Der zweite Vers setzt den Gedanken dieses Gedichts fort, im dritten Vers muß der Gedanke abgeschlossen sein. Der vierte Vers ist wieder ein abgeschlossenes Gedicht, das einen neuen Gedanken zu dem gleichen Thema ausspricht.

1) 5 - 7 - 5
    7 - 7
    5 - 7 - 5
2) 7 - 7
    5 - 7 - 5
    7 - 7
3) 5 - 7 - 5
    7 - 7
    5 - 7 - 5
4) 7 - 7
. . . .

Um ein Renga-Gedicht zu singen, müssen sich mindestens zwei Partner zusammenfinden, man nennt diese beiden Kakimoto-Shū und Kurimoto-Shū.

Seit dem 13. Jahrhundert wurde die Renga-Dichtung sehr verbreitet. Der Inhalt des Renga war nicht so streng wie der des Waka, sondern das Renga wurde als spielerisches Gedicht angesehen. Seit dem Spät-Mittelalter galt es jedoch als dem Waka gleichwertig und im Gegensatz zum Waka als ein Gedichtstrom.

Einen großen Einfluß auf das Renga hatte der Hofadlige Erzherzog Nijō Yoshimoto (14. Jahrhundert), der es zum Kunstgedicht erhob. Er war einmal stellvertretender Kaiser und hatte die höchste Stellung in Japan inne. Er hegte eine große Vorliebe für die Renga-Dichtung und versammelte an seinem Hofe mehrere Renga-Dichter. Seine erste Renga-Gedichtsammlung umfaßt zwanzig Bände.

Auf Nijō Yoshimoto folgten die drei Dichter Sōgi, Shōhaku und Munenaga, die als die ersten Renga-Meister gelten. Sōgi stellte die neue Renga-Gedichtsammlung *Shin-Tsukubashu* mit zwanzig Bänden zusammen. Er bereiste ganz Japan, immer wieder versenkte er sich in die Betrachtung der Natur. Überall, wohin er kam, las er seine Gedichte und erklärte das Renga. Die Gedichte Sōgis zeigen eine schlichte Vornehmheit und Ruhe.

Bekannt ist ein Renga-Gedicht der drei Meister:

Sōgi:	Es schneit. Der Berg ist verhüllt
	In der Abenddämmerung.
Shōhaku:	Der Fluß zieht weiter
	Ins Land des Pflaumenduftes.
Munenaga:	Mit dem Flußwind
	Kehrt der Frühling
	In die Trauerweide.
Sōgi:	Hört! Ruderschlag.
	Die Morgendämmerung kommt.
Shōhaku:	Der Mond schwebt noch
	Im Nebel der Nacht.
Munenaga:	Der Herbst
	Ist schon vergangen.

Diesen drei Meistern folgt Yamasaki Sōkan (1464–1552). In seiner Jugend gehörte er zur Leibgarde des achten Shōguns Yoshihisa, später wurde er Laienpriester. Seine Freude war es, eine private Gedichtsammlung zu schreiben, das *Inu Tsukubashū*. Einmal schrieb er diesen Vers als zweite Hälfte eines Renga-Gedichtes:

> Gern hätte ich es abgewendet,
> Aber ich konnt' es nicht.

Diesen Vers zeigte er drei Gästen, von denen jeder auf verschiedene Weise den ersten Halbvers hinzufügte. Als erster schrieb ein Vater, der zwischen Gerechtigkeit und Erbarmen schwankt:

> Einen Dieb stellte man bei Nacht,
> Und als man hat das Licht gebracht,
> Erkannt' ich meinen Sohn.

Der zweite Teilnehmer faßte es realistischer auf und fügte folgendes hinzu:

> Durch ein traurig Mißgeschick
> Mein linker Arm ward bös' verletzt
> Und macht mir arge Schmerzen.

Der dritte Gast dichtete mehr gefühlsbetont:

Durch das dichte Gezweig eines Pflaumenbaumes
Sah ich hinauf zum Mond;
Da wurde das leuchtende Antlitz
Durch einen Zweig verhüllt.

Aus dem Renga entwickelte sich das Haikai, das sich seit dem 16. Jahrhundert als Dichtung des Alltäglichen in ganz Japan ausbreitete. Die ersten Haikai-Dichter waren Matsunaga Teitoku (1570–1653) und Nishiyama Sōin (1605–1682).

Der Inhalt der Haikai-Gedichte ist recht konservativ und betont ein wenig die komische Note. Dies zeigt sich besonders in der Dichtung Nishiyama Sōins. Sein Ausdruck ist immer ziemlich scharf.

Sōins Schule nannte man die Danrin-Schule. Sie hat absichtlich immer etwas die strenge Form und die Silbenzahl des Haikai überschritten und geändert und nach einer neuen Ausdrucksform gesucht, die zu seiner Zeit aber noch Spiel blieb.

Die folgenden Gedichte hat Teitoku gesungen:

Wie wundersam im Mondlicht die Welt!
Kommt doch heraus und seht's euch an.
Zum Schlafen ist am Tage Zeit genug.

Alle Menschen gehen
Verschlafen umher.
Der Herbstmond.

Ein Gedicht von Sōin:

> Die Glut des Sommers hat mich verändert,
>   Gab ich zur Antwort.
> Aber die Tränen rannen über mein Gesicht.

Die Danrin-Schule der Haikai-Dichtung ist nur ein Übergangsphänomen in der Dichtkunst. Matsuo Bashō vollendete die Haikai-Dichtung im Haiku-Stil. Er gründete eine neue Schule, genannt «Shō-Fū», das heißt «Schule des orthodoxen Stiles».

Matsuo Bashō war ein Samurai. Nach dem Tode seines Herrn ist er Laienmönch geworden. Er hat der Haiku-Dichtung die Richtung gewiesen und den Weg gebahnt. Sein Haiku ist nicht Spiel wie bei seinen Vorgängern, sondern betont den innerlichen Ernst, jedoch nicht in aufdringlicher, sondern in eindringlicher Weise. Bashōs Anliegen war die Entfaltung der ästhetischen Kategorien aus der Senzai- und Shin-Kokin-Zeit, von *Wabi* und *Sabi*. Die Gedichte Bashōs strömen immer Ruhe und Einsamkeit aus; sie sind aber nicht etwa pessimistisch, sondern wir fühlen in ihren Worten oft eine innerliche Fröhlichkeit.

> Auf dem harten Zweig
>   Sitzt noch eine Krähe
> Am Herbstabend.

Wenn ich spreche,
   Erzittern die Lippen kalt
Im Herbstwind.

Stille!
   In das Felsengestein
Dringt der Zikaden Ton.

Mondesschimmer.
      Die vier Pforten, vier Richtungen
   Sind nur eins.

Unter dem Einfluß von Saigyō und Toshinari entwickelte Bashō das Haiku zur neuen Kunstform. Der
Wesenszug seiner Dichtung ist «Sabi» – Stille, Einsamkeit.

Bashōs Dichtung ist von einer vornehmen Form,
und er betont besonders die Unveränderlichkeit in
der Dichtung. Das Schöne findet er im Alltäglichen
und in der realistischen Darstellung der menschlichen
Sitten. Trotz seiner klassischen und aristokratischen
Art zu dichten hat er das Haiku nicht verlassen und
etwa im Waka-Stil gedichtet.

Auf der Bergeshöhe sitzend,
   Höre ich der Lerchen Gesang
Tief unter mir.

Seine liebenswürdige Humanität spricht aus mehreren schlichten Versen, durch die er die Komik im

Alltäglichen aufzeigt. Sein Mitleid mit den Tieren
verrät seine Menschennähe.

Der arme Affe
    Braucht auch einen Regenschirm
Im Herbstregen.

«Kinder mag ich nicht!»
    Wer so spricht,
    Mag auch keine Blumen.

Ein Jahrhundert nach Bashōs Tod lebte sein Nachfolger Yosa no Buson (1716–1783). Er entstammte einer
Kaufmannsfamilie aus Ōsaka. Den ersten Ruhm
brachte ihm seine Malerei. Wie sein Lehrer Bashō
wandelte auch er in der Natur und besang sie in der
Haiku-Dichtung. Später lebte er in Kyōto, und in
dieser schönen und kultivierten Umgebung entfaltete
und vollendete sich seine Haiku-Dichtung.
    Zu seinen Lebzeiten wurde jedoch seine dichteri-
sche Größe nicht voll erkannt. Erst zu Ende des 19.
Jahrhunderts würdigte Masaoka Shiki seine dichterische Bedeutung. Die Gedichte Busons sind immer
zart und phantasievoll und im Ausdruck lieblich.

Auf die Tempelglocke
    Ließ er sich nieder und schläft,
Der Schmetterling!

Frühlingswind.
Der Uferweg ist so lang,
Das Haus vor mir immer noch so weit.

Aus seinen Gedichten spricht «Gelassenheit». Er läßt
die Natur als Natur und dichtet unmittelbar das
Erlebnis der ewigen Gegenwart.

Im Frühling
Rollen die breiten Meereswellen
So langsam dem Ufer zu.

Wenn man die Dinge transzendiert, und wenn man
im Leben sich als Immanenz versteckt, sieht man die
Natur als Natur und läßt die Natur als Natur.

In der Stille des Gästezimmers
Bleibt nur die Päonie zurück.

Zur gleichen Zeit wie Buson lebte ein Waka-Dichter,
der Zen-Mönch Ryōkan (1758–1831). Er war vom
Manyō-Stil sehr stark beeinflußt und hat die Erleb-
nisse seiner Zeit im Manyō-Stil niedergeschrieben.
Seine Dichtung ist sehr natürlich, ungezwungen und
ursprünglich und zeugt von einer tiefen Humanität.
Ryōkan war sehr kinderlieb, versammelte oft die
Kinder im Tempel, lehrte sie und spielte mit ihnen.
Einmal vergnügten sie sich mit einem Versteckspiel.
Aber die Kinder wurden nach einiger Zeit von etwas
anderem abgelenkt und liefen fort. Ryōkan aber

stand hinter einem Baum, wartete weiter auf seine
Spielgefährten und schlief endlich ein.

An einem langen, nebligen Frühlingstag
Spiele ich mit den Kindern Ball,
Und schon ist das Heute vorüber.

Fröhlich bin ich,
Wenn im Frühling
Die Vögel miteinander spielen.

Der Wind weht rein,
Der Mond strahlt hell.
Wir tanzen durch die schöne Nacht
Für den Rest unseres Lebens.

Ein Gedicht möchte ich singen. –
Mit dem Ball möchte ich spielen. –
Wie gern möchte ich durch die Wiese
gehen.
Was soll ich nun unternehmen?
Ich weiß es wirklich nicht!

Eines Nachts bricht ein Dieb durch das Fenster seines
Hauses ein und stiehlt ihm sein bescheidenes Vermö-
gen. Am nächsten Abend betrachtet Ryōkan durch
sein zerbrochenes Fenster den schönen Mond. Das
folgende Gedicht zeigt seine Persönlichkeit:

Vom zerbrochenen Fenster
Betrachte ich den Mondschein
In der Herbstnacht.

Nach Buson folgte ein Dichter namens Kobayashi
Issa (1763–1827). Kein anderer Dichter hat den Ernst
der menschlichen Liebe besungen wie Issa. Er war
Bauernsohn; als er drei Jahre alt war, starb seine
Mutter. Mit sechs Jahren sang er ein Haiku-Gedicht:

Komm hierher,
Spielen wir zusammen,
Du mutterloses Spätzlein.

Sein Familienleben war nicht glücklich. Später lebte
er in Edo, dem heutigen Tōkyō. Seine Frau starb
früher als er. Issa verbrachte seinen Lebensabend
wieder als Bauer in seiner Heimat. Eines Tages hatte
ihn der mächtige und reiche Fürst Maeda als Gedichtmeister zu sich eingeladen. Aber Issa wollte seine
Freiheit nicht aufgeben; er nahm diese Einladung
nicht an, sondern antwortete dem Fürsten mit diesem
Gedicht:
Wie klein ist doch alles!
Millionenreichtum ist nur
Ein Tröpfchen auf einem Bambusblatt.

Issa war sehr arm, und als sein Kind geboren war,
fühlte er seine große Verantwortung und Not. Er,
der er kein Bettzeug für das Kind hatte, sang:

Oh!
Es ist so kalt,
Seitdem wir Eltern sind.

Und zu seiner kleinen Tochter:

Krabble und lache,
Heute bist du zwei Jahre alt,
Mein Baby!

Issa betrachtete in freundlich treffender Weise seine
Umwelt und die Natur:

Wie würdevoll!
Ein Frosch betrachtet
Den großen Berg vor sich.

Schön
Fließt die Milchstraße
Durch das Loch im Papiersieb.

Gegen Mächtige zeigte er immer einen gewissen
Widerstand, aber dem Schwachen und Kleinen
brachte er blindlings seine Liebe entgegen:

Mageres, armes Fröschlein,
Du darfst nicht verlieren,
Issa steht Dir bei!

Als Issa an seinem Lebensabend auf dem Lande in seiner kleinen Hütte saß, sagte er:

Oh! Ist dies
Meine letzte Wohnstätte?
Fünf Fuß hoch liegt schon der Schnee.

Er starb im Jahre 1827 in seinem Heimatdorf. Als Abschied vom irdischen Leben dichtete er ein Haiku:

Von Wanne zu Wanne
Geht mein Leben
Unverständlich.

Ein Baby wird nach der Geburt in der Wanne gewaschen, und nach dem Tod wäscht man die Leiche wieder in einer Wanne. So fühlte er in seiner letzten Zeit die Sinnlosigkeit und das Geheimnis des menschlichen Lebens.

Der Autor möchte Issa als seinem liebsten Dichter dieses kleine Gedicht widmen:

Dem schwebenden Blatt
Folgt die Katze
Mit dem Herbstwind.

Doch das Blatt entschwimmt auf dem Fluß, und schon ist es dem Machtbereich der Katze entrissen. So ist das Schicksal der Katze nicht anders als das der Menschen.

Das Blatt fällt auf den Fluß;
Nur mit den Augen
Folgt die Katze.

Nach Issa war noch ein Dichter namens Shiki bedeu-
tend. Er wurde am 17. September 1867 in Matsuyama
(Westjapan) geboren. Zu seiner Zeit begann Japan,
sich in moderner Form zu entwickeln. Shiki studierte
Literatur an der Kaiserlichen Universität in Tōkyō.
Während seiner Studienzeit in Tōkyō begann er sein
dichterisches Werk und begründete eine neue Haiku-
Schule. Sein größtes Verdienst war die Wiederent-
deckung von Buson, der hundert Jahre lang nur als
Maler galt. Shiki hat erstmals in Japan eine Zeitschrift
über Dichtung publiziert; diese Zeitschrift heißt *Ho-
totogisu*, das bedeutet «Kuckuck». Der Kuckuck ist
im japanischen Gedicht immer ein Lieblingsthema.

Der Enthusiasmus für die Poesie verzehrte früh-
zeitig Shikis Kräfte, und er starb am 18. September
1902. Er war 35 Jahre alt. Aus dem Kreise seiner
Schüler stammen mehrere japanische Dichter der
Gegenwart; Sōseki und Kyoshi sind die bedeutend-
sten.

Die Dichtung Shikis ist etwas realistischer als die
aller seiner Vorgänger. Er war nicht so tief wie Bashō,
nicht so humanistisch wie Issa, doch findet man auch
in seinen Haiku reines ästhetisches Gefühl.

Zwischen Sommergras
Viele Gräber
Von schönen Frauen
In Saga.

Saga ist ein ruhiger Ort bei Kyōto. Die Gräber
schöner Frauen, die in der Geschichte oft berühmt
geworden sind, sind von grünem Moos bedeckt.
Shikis poetische Phantasie geht bis in die Heian-Zeit
zurück, die eine blühende Periode der japanischen
Literatur war. Die größten Dichter der damaligen
Zeit waren Frauen.

Vor dem Tod;
Doch noch laut –
Herbstzikaden.

Von beiden Seiten
Bewachende Blicke:
Katzenliebe.

Shikis Augen sehen durch die Natur hindurch das
«Etwas». Die Welt ist wie Nebel, und alles versteckt
sich im Dunkel.

Ich sehe zurück nach dem Mann,
Der mir jetzt begegnete.
Er ist schon hinter dem Nebel.

Aber seine Lebensanschauung war nicht immer so

pessimistisch. Er ist jung gestorben, doch beseelte ihn bis zuletzt eine große Lebenshoffnung. Er mußte lange gegen seine Todeskrankheit kämpfen:

> Herausrudern
>   Aus dem Nebelstreifen
> Ins weite Meer!

Und dann sieht er den unendlichen Ozean vor sich. Er lebte immer in dieser Grenzsituation.

> Am Ende der Herbstkühle
>   Springt der Mond
> Ins Meer.

Er sieht in der Tiefe der Natur das menschliche Schicksal.

> Aufblühen, und nochmals aufblühen!
>   Doch verblühen
> Die Mohnblumen.

Alles wiederholt sich in der Natur und verwandelt sich in das NICHTS.

Nach Shiki folgte Sōseki als führender Haiku-Dichter in Japan. Er wurde im Jahre 1865 in Tōkyō geboren. Er studierte englische Literatur an der Kaiserlichen Universität in Tōkyō, studierte auch in England und wurde später Dozent der englischen Literatur an seiner Alma Mater in Tōkyō. Er war zuerst als Novellist bekannt. Sōseki hatte eine etwas menschenscheue Natur und hat daher den Ehrendoktor-Titel der Tōkyō-Universität abgelehnt. Er starb im Jahre 1915 als freier Schriftsteller.

Die Dichtung Sōsekis wie auch seine Prosa haben eine gewisse transzendente Richtung, doch ist sie nicht pessimistisch. Sein Stil ist sehr realistisch, doch hintergründig. Er kennt die Technik und weiß seinen scharfen Blick hinter Humor, Ironie und Toleranz zu verbergen. Er möchte sich immer ein wenig, aber nicht ganz, von der Welt distanzieren. Man nennt diese Art «Gelassenheitsschule» (Yoyū-ha), weil er immer etwas innerliche Reserve zeigt.

> Den Bodenstein
> Sieht man sich bewegen
> Dort im Quellwasser.

Doch kannte er auch Tränen. Als ein sehr guter Bekannter von ihm starb, schickte er ein Gedicht an die Hinterbliebenen:

> Werft hinein
> Alle Chrysanthemen
> In den Leichensarg.

Und er trauert tief in dem folgenden Haiku:

> Seitdem du mich verlassen,
> Gibt es keine Blumen mehr
> In der Welt.

Doch ließ er sich nie niederdrücken und fand rasch
zur Natur zurück.

Mit dem Wind
Fliegt schnell
Eine Schwalbe.

Oh! Kuckuck,
Wenn Du weinst,
Bitte, am Vollmondabend.

Wolken kommen und gehen.
Rotahorn leuchtet
Auf dem Wasserfall.

Als sein Lieblingsthema behandelt er seltsamerweise
oft jene kalten Windstöße, die im November als
unangenehme Gäste in Japan ihren Einzug halten.

Höre den Windstoß!
Wer fällt vorher
Die Blätter!

Im Windstoß
Steht der Niō-Gott
Mit nacktem Körper.

Der Niō-Gott ist ein buddhistischer Schutzgeist. Er
sitzt im Tempel mit seinen überirdisch großen Augen
und gewaltiger Nase.

Windstoß
  Weht die Abendsonne herunter
Ins Meer.

  Windstoß!
    Es gibt keine Blätter mehr,
    Wenn du jetzt noch wehst.

So unterhält sich Sōseki mit der Natur. Solche Ge-
spräche charakterisieren seine «Gelassenheitsschule».
  Sein Erstaunen über die Natur war oft unbe-
schreiblich groß, wie bei Frau Kaga no Chiyo.

  Vom geöffneten Fenster
    Bestaune ich den Schnee
  Frühmorgens.

Wir freuen uns immer ohne hinreichenden Grund
über den Schnee. Die «Weltanschauung» ist nun ganz
weiß geworden. Es gibt kein Fleckchen von Vernunft
mehr, sondern nur weiße Welt.

DICHTUNG UND LEBEN ALS
ZEN-ERFAHRUNG

Dichtung ist der Ausdruck menschlichen Gefühls. Dieses Gefühl wandelt sich im Leben und wechselt mit der Natur und webt in den Jahreszeiten. Der Vorteil der japanischen Dichtung ist die Möglichkeit, die unmittelbare, tiefste Wahrheit intuitiv im alltäglichen Leben herauszuspüren, zu erfassen und ihr symbolhaft in kürzester Form Ausdruck zu verleihen. Ich möchte meine Leser bitten, zu kontemplieren, wie in der gewöhnlichen Darstellung des Haiku, obwohl sie oft nicht in guter poetischer Form übertragen werden kann, die tiefe Wahrheit, die wir in der Alltäglichkeit meistens nicht beachten, versteckt ist.

Ich will nun zeigen, aus welcher Atmosphäre die japanische Dichtung geschöpft ist. Die Andeutung ist das Geheimnis der japanischen Kunst. Wenn man das All als das All bejaht, ist das allein schon Zen. Zen ist nichts Besonderes, nur Natur an sich, aber dort liegt das tiefste Geheimnis des Lebens.

Im Januar erneuert der Mensch sein Leben. Trotzdem bleiben die alten Gewohnheiten.

Neues Jahr.
   Das Tagebuch des alten Jahres
   Bleibt noch auf meinem Tisch.

                    Kyoshi

Man vergißt die alte Traurigkeit, es bleibt nur die
Hoffnung.

   Die Sonne und der Mond
      Hängen am Himmel
   Des neuen Jahres.

                    Yoshino

   Liebe Erinnerungen,
      Manche Traurigkeit
   Sind schon im letzten Jahr.

                    Gazen

Man besucht sich gegenseitig, läßt seine Visitenkarte
zurück und schreibt einen Gruß ins Gästebuch.

   Ins Gästebuch
      Schreibt jemand
   Ein komisches Gedicht.

                    Kyoshi

Neues Jahr.
Ein Fuß Schnee
Auf dem Dach.

Fukudō

Die Kinder werden von ihren Eltern beschenkt.

Als Neujahrsgeschenk
Umarmt ein kleines Kind
Eine große Puppe.

Shōha

Vor dem Hauseingang stehen Kiefern. Es gibt eine Blume, die zum Neujahrsfest erblüht, klein und goldfarben wie die Chrysantheme. Am Morgen öffnet und am Abend schließt sie ihre Blüte.

Im November wird ein Thema als sogenanntes Neujahrsgedicht vom Kaiser ausgeschrieben, und jedermann ist eingeladen, sein Gedicht zum neuen Jahr an den Kaiserhof zu schicken. Zwanzig Gedichte werden ausgewählt und in feierlicher Zeremonie und in Gegenwart des Kaisers und des ganzen Hofes vorgelesen. Am ersten Tag des neuen Jahres veröffentlichen die Zeitungen die Namen und die Gedichte der so Geehrten. Das ist in Japan von gleicher Wichtigkeit wie anderenorts die Präsidentschaftswahl oder ein Fußball-Länderspiel.

Alles nimmt im neuen Jahr seinen neuen Anfang.
Man sagt, der erste Traum im neuen Jahr bestimme
das Schicksal des Träumenden. Man wünscht sich
einen schönen Traum, malt den Glücksgott und legt
ihn unter das Kopfkissen.

> Der erste Traum
> Prophezeit mir
> Königswürde.
>
> *Shuntō*

> Ausgeschlafen,
> Hab ich, ach,
> Den schönen Traum vergessen.
>
> *Unbekannter Dichter*

Ein armer Mann kommt vor das Haus, läßt seinen
Affen tanzen und erhält eine gute Gabe.

> Affenmeister,
> Ich gratuliere feierlich
> Zum Schnupfen deines Affen!
>
> *Senka*

Es ist so schön, am Morgen hinauszusehen. Es
schneit, und die Natur ist weiß. Schnee ist das
Symbol des Winters, die Kosmetik der Wahrheit.

Vom Schwanz des Pferdes
Fallen Blumen von Schnee
Auf den Bergweg.

Shikō

In der Januarnacht scheint der Mond über dem Garten. Sein Licht wird immer heller und kälter. Die Welt ist durchsichtig geworden.

Mitten am Himmel
Hindert die Wolke
Den hellen Mondschein.

Kyoshi

Am Tage im Sonnenlicht kommen die Spatzen zu den Wohnungen der Menschen.

Ein Spatz, noch ein Spatz
Springt von der Regenrinne
Hinunter in den Garten.

Senshū

Im Januar ist die schönste Blume die Päonie.

Zwei Päonien
Versprechen Farben
Und sind noch nicht entfaltet.

Frau Massa

Schön ist auch die Winterchrysantheme. Sie hat eine tiefrote Farbe, ihre Blätter sind oft gelb. Sie blüht lange in der Einsamkeit des Schnees.

> Am Einsiedlerhaus
> Blüht die Chrysantheme
> Im kalten Winter.
>
> *Unbekannter Dichter*

Im Februar ist die Natur grau. Oft ist es kälter als im Januar, doch wir haben die Hoffnung auf den Frühling.

> Beim Kerzenlicht
> Im Einsiedlerhaus
> Wartet die Blume
> Auf den Frühling.
>
> *Onitsura*

Nun ist der Frühling schon ganz nahe. Die Hoffnung auf den Frühling wird am 3. und 4. Februar gefeiert. Die Dämonen werden verjagt, um den neuen und schönen Frühling empfangen zu können. Mit dem Ruf:

> Geh!
> Heraus, böser Dämon!
> Komm herein, Glücksgott!

werfen die Menschen geröstete Bohnen in die Luft,
um die Dämonen zu peinigen.

> Auch der böse Bube
> Schlägt die Dämonen
> Mit Bohnen.
>
> *Unbekannter Dichter*

Doch diese Tat des bösen Buben ist nicht böse.
Es schneit im Februar noch mehr als im Januar,
aber die weiße Decke ist nicht von langer Dauer.
Tropfen fallen zu Boden, die Sonne läßt sie als Dunst
emporsteigen.

> Kein Himmel,
> Keine Erde –
> Es schneit nur lautlos.
>
> *Hashin*

> Die grünen Flecken
> Werden immer größer
> Im Schnee.
>
> *Unbekannter Dichter*

Der Schnee nimmt immer mehr ab. In einer verbor-
genen Ecke im Schatten findet man plötzlich nur
noch ein bescheidenes Häufchen Schnee.

Von Tag zu Tag
    Wird am Berg immer länger
Der Fuß des Schnees.

Unbekannter Dichter

Manchmal läßt eine plötzliche Kälte die Natur wieder erstarren. Der Mond strahlt hart, aber traurig.

Der abnehmende Mond
    Friert am Himmel
Im späten Februar.

Unbekannter Dichter

Im kalten Frühling
    Stößt sich
Der blinde Hund.

Onitsura

Der Februar geht zu Ende. Bald kommt der erste warme Hauch. Die Katzen lieben einander. Der weiße Pflaumenbaum duftet im Garten in tiefer, dunkler Nacht. Am Zaun weint der Kater und sucht sein Weibchen. Die Katzen laufen trotz Regen und Wind mit ihren Gefährten. Viele Tage lang fressen sie kaum etwas. Dann kehren sie zu ihren Herren zurück, ganz schwach und mager.

Die liebende Katze
    Findet endlich ihren Weg
Durch das Loch im Zaun.

Bashō

Das alte Laub wird im Garten verbrannt. Einsamkeit verbreitet der Feuerschein in der Dämmerung. Trotz der Kälte des vergangenen Winters duftet der Pflaumenbaum so rein im letzten Schnee. Die Blüten sind weiß und werden langsam rot. Der Pflaumenbaum prophezeit den Frühling.

Langsam
    Wird der Frühling vollkommen
Mit Mondschein und Pflaumen.

Bashō

Jetzt taut das Eis. Der Bach rieselt. Die Natur wispert leise. Doch die das Eis sprengende Kraft ist noch nicht da.

Frühling bewegt,
    Siehe!
Windmühle und Wassermühle!

Wafū

Wenn die Wärme reift, kommen die roten Pflaumenblüten wie die Farbe auf den Wangen eines ganz jungen Mädchens. Eine alte Frau singt:

Rote Pflaumenblüte,
Wie bin ich neidisch
Auf dein junges Gesicht.

Michiko

Es macht so fröhlich, unter den blühenden Pflaumen-
bäumen Reiswein zu trinken.

Im milden Mondschein
Trinkt man Reiswein
Unter den duftenden Pflaumen.

Unbekannter Dichter

Der Buschsänger ist die Stimme des März. Er prophezeit den blühenden Frühling.

Laut und lieblich
Ist die Stimme des Buschsängers zu hören
Im Mittagsnebel.

Kyoshi

Am 3. März feiern die Japaner das Pfirsichfest. Die
Mädchen feiern es zu Hause mit ihren Puppen; daher
wird es auch Puppenfest genannt. Es ist hübsch, in
einem schlichten Haus eine prächtige Puppe in Hofkleidung zu sehen. Die Puppen sind meistens Kaise-
rinnen oder Prinzessinnen.

Im ärmlichen Haus
Sitzen die Mädchen
Vor einer Kaiserin.

Unbekannter Dichter

Man stellt den Puppen sogar Speisen hin in roten,
weißen und grünen Schälchen.

Mit der Pfirsichknospe
Lächelt die kleine Prinzessin
Hernieder.

Unbekannter Dichter

Früher war der 3. März ein Gedichtfest. Adelige und
Dichter trafen sich am Bach im Garten zum Schreiben von Kettengedichten. Ein Reisweinbecher kam
auf dem Wasser geschwommen. Einer der Dichter,
die am Bache saßen, nahm ihn, füllte ihn mit Reiswein, leerte ihn und übergab ihn dem Bach, der ihn
zu seinem Dichternachbarn trug, der wiederum daraus trank. Bis der Becher zu diesem gelangte, antwortete er schon in poetischer Form auf den Dichter-
spruch seines Vorgängers.

Mit dem Becher
Fließt langsam das Gedicht
Zum Gedicht.

Unbekannter Dichter

Wenn der März kommt, weht ein weicher Wind von Osten.

> Der Strahl des Springbrunnens
> Neigt sich zum Westen
> Im Frühlingswind.
>
> *Unbekannter Dichter*

Im Frühling lächelt der Berg. Die Knospen runden sich, die Vögel singen immer fröhlicher. Die Flüsse schwellen an.

> Das Frühlingswasser
> Kommt langsam
> Von den Bergen.
>
> *Buson*

Mitte März wird Buddhas Totenfest gefeiert. Den ganzen Tag lesen Priester in den Tempeln die alten buddhistischen Schriften.

> Am Nirvana-Fest
> Ist die Gebetskette
> Um runzlige Hände geschlungen.
>
> *Bashō*

Die Störche, die in Japan Wintergäste sind, ziehen nach diesem Fest zum Norden zurück; mit ihnen entschwinden auch andere Vögel nach Norden.

Vom 18. bis zum 24. März ist das Jenseitsfest. Man besucht die buddhistischen Tempel und die Friedhöfe, um die verstorbenen Angehörigen zu ehren und zu trösten.

> Über den Bergtempel
> Streifen die Wolken
> Am Jenseitsfest.
>
> *Dakotsu*

Im März werden die Fenster zum Norden geöffnet, und der Kamin wird geschlossen.

> Vor dem geschlossenen Kamin
> Entrollt man
> Ein neues Hängebild.
>
> *Yūgetsu*

Auf den Ehrenplatz im Zimmer wird die erblühte Kamelie hereingeholt.

Im April streifen die Frühjahrsnebel vor dem Ostwind her über die Erde und mildern das Sonnenlicht. Der Nebel entschwindet, und die Luft beginnt zu flimmern; das ist die «Sommerfeder». Die Menschen gehen über die Frühlingswiese spazieren und pflücken Gräser und Blumen.

In der flimmernden Luft
Spielen
Die lauten Lerchen.

Sadaie

Veilchen blühen im Schatten.

Am Bergpfad
Blühen die Veilchen
Bescheiden und schön.

Bashō

Andere Frühlingsblumen blühen stolz wie ein schö-
nes junges Mädchen.
Die Apriltage werden immer länger. Am Himmel
schweben weiße Wolken. Das Sonnenlicht leuchtet
durch sie hindurch. Die Wellen ziehen langsam, doch
schlagen höher als im Winter.

Der Kraterdampf
Des Asama-Berges
Verschwindet in den Frühlingswolken.

Seitōjin

Frühlingsmeer!
Die Wellen wallen langsam
Den ganzen Tag.

Buson

86

Die Natur verändert sich von Tag zu Tag, wird farbiger und blühender. Die Tage sind heiter in der prächtigen Natur, das Leben ist angenehm.

Beschaulich besuche ich den Schrein
Nach langer Zeit
Und bitte um Entschuldigung.

Taigi

Nun blühen alle Blumen, Kirschen, Pfirsiche, Birnen und Äpfel. Die Blütenkönigin im April ist die Kirsche. Sie ist schön am Morgen und am Abend, wenn es regnet ist sie schön, nach dem Sturm ist sie schön. Sie ist erhaben und rein. Mit dem Wind wandern die Blütenblätter. Wir atmen den Duft der Kirschblüten.

Den einsamen Buddha
Am Wiesenrain
Kleiden der Kirsche Blüten.

Unbekannter Dichter

Die Kirschblüte wird fröhlich gefeiert wie in Europa die Fastnachtszeit. Am Abend werden unter den blühenden Bäumen Feuer entzündet. – Der Frühlingsmorgen aber wird verschlafen.

Ich verstehe
  Die Sprache der Spatzen
  Am Frühlingsmorgen.

Chikufūan

Ein stiller Abend im Frühling ist etwas melancho-
lisch. Aber die Blumen duften. Der Mond hat einen
Nebelrand.

Die Tempelglocke
  Tönt fern und nah
  Am Frühlingsabend.

Bashō

Man kann sich am Abend vom Duft führen lassen.
Die Frühlingsnacht ist wie Gold. Der zunehmende
Mond hängt am Himmel.

Frühlingsmond!
  Verblassendes Licht
  Zwischen den Zweigen des Tempels.

Buson

Auf das Kopfkissen
  Fällt das Licht
  Vom verblassenden Mond.

Unbekannter Dichter

Schön ist es, unter dem Mondschein in tiefem Schlaf zu liegen. Man sagt, wenn man unter dem Mondlicht träumt, schwingt sich die Seele direkt zum Himmel auf.

Der Windhauch streift im Mai über die Natur und über alle Lebewesen.

> Von Welle zu Welle
> Gleißt
> Leuchtender Frühling.

Unbekannter Dichter

Der leuchtende Frühling schenkt das Leben in der Natur. Die Vögel singen mit anderer Stimme. Sie tragen ein anderes Gewand, wenn sie ihren Partner suchen.

> Im großen Tempelgarten
> Finden sich die Vögel
> Zur Liebe.

Takeshi

Das Fohlen wächst von Tag zu Tag. Das Gras sprießt üppig empor.

> Ins junge Gras
> Gepreßt die Spur
> Von Pferdehufen.

Issa

Schmetterlinge gaukeln auf der Wiese von Blume zu
Blume.

> Auf dem Rasen am Kamo-Fluß
> Schläft ein Schmetterling
> Den ganzen Tag.
>
> *Ariōshi*

Am 5. Mai ist das Bubenfest, das man auch Schwertli-
lienfest nennt. Die Buben bekommen von ihren
Eltern Puppen, meist Samurai und Figuren des Hof-
staates.

> Der alte Ritter
> Wartet zu Hause,
> Aber sein Herr ist nicht da.
>
> *Fugai*

Der Mai bringt den Menschen tiefen und langen
Schlaf.

> Der stete Tropfen
> Vom Dach
> Weckt aus dem Frühlingsschlaf.
>
> *Unbekannter Dichter*

Der Frühlingsschlaf kennt keinen frühen Morgen
und hat den Wert von tausend Nächten. – Neigt sich
der Frühling seinem Ende zu, steigt eine leise Trau-

rigkeit in uns auf. Die ganze Natur bedauert den Abschied von dieser fröhlichen Jahreszeit.

Bauernmädchen gehen den Tee pflücken. Die Arbeit der Bauern nimmt zu. Im Wasser am Reisfeld lärmen die Frösche.

Hochgereckt
  Singen die kleinen Frösche
Im Chor.

Sōkan

Wie die Astronomie
  Betrachtet den Himmel
Ein Frosch.

Issa

Auf der Wiese blühen namenlose Blumen.

Soll ich pflücken,
  Soll ich nicht pflücken
Dieses kleine Blümlein?

Frau Nao

Langsam geht der Frühling zu Ende. Die Blumen welken von einem Tag zum anderen. Doch die Natur verstärkt ihre Farben.

Kirschenblüte
  Sinkt nieder. –
Doch es bleibt ihr Duft!

Unbekannter Dichter

  Die Blumen fallen.
    Nur Ruhe herrscht
  In der Menschenseele.

Köin-Ni

Der Frühling verging. Die junge Frau, die noch
unverheiratet ist, sitzt vor dem Spiegel, sieht sich mit
traurigen Augen an und klagt tief über den verblassenden Frühling.

  Vor dem Spiegel
    Beklage ich allein
  Den zur Neige gehenden Frühling.

Seimi

Jetzt ist der Sommer nahe. Wir müssen uns nun mit
schmerzlichem Gefühl vom Frühling verabschieden.
Trennung ist für Menschen immer traurig.

  Durch das offene Fenster
    Verabschiede ich mich vom Frühling
  Mit ganzem Blick.

Chiōi

Den Juni empfangen die Menschen in neuen leichten
Gewändern und mit neuem Gefühl.

Mit neuen Gewändern
  Sitze ich vor dem Spiegel
In Einsamkeit.

Issa

Der ganze Berg
  Wechselt sein Kleid
Am Enryaku-Tempel.

Issei

Enryaku-ji ist ein sehr berühmter Tempel auf dem
Berge Hiei bei Kyōto.
  Häufig regnet es im Juni stärker als im Mai. Nach
jedem Regen vertieft sich das Grün der Natur.

Nach dem Regen
  Fällt ein Tropfen –
Grün!

Unbekannter Dichter

Rendez-vous!
  Jemand schließt
Den Regenschirm.

Unbekannter Dichter

Die Menschen erquicken sich am frischen grünen Tee. Sie genießen seinen Duft, seine Farbe, seinen Geschmack. Die Bäume im Garten werden kräftiger.

Die Schwertlilie blüht. Sie hat viele Farben: Weiß, Rot, Blau, Violett, Gelb. Im Juni bevorzugt die Japanerin die violette Lilie für ihr Blumenarrangement.

Im großen Raum
Nur eine Schwertlilie
In einer Wasserschale.

Unbekannter Dichter

Die Tage sind nun am längsten.

In kurzer Nacht
Halbschlaf.
Schon Morgen.

Unbekannter Dichter

Ende Juni fällt eine ganze Woche lang leichter Regen. Die Luft ist traurig und schwer, doch in ihr lebt und webt die Natur.

Sommerregen
Sammelt in raschem Lauf
Der Mogami-Fluß.

Bashō

Der Kuckuck fliegt oft durch den klaren Abendhimmel, an dem der Mond hängt.

> Auf den Mond
> Fliegt der Kuckuck
> Durch den Himmel.

> *Buson*

Und es kommt der erste richtige Sommerabend. –
Glühwürmchen hoffen auf das Dunkel in der Som-
mernacht. Jedes Jahr im Juni schenkt die Jugend dem
Kaiser und der Kaiserin Leuchtkäfer, die sie am
Minuma-Fluß bei Ōmiya nördlich von Tōkyō gefan-
gen haben. Im Dunkeln leuchten sie wie ein Licht-
fleck in der Nacht. Kinder locken die Leuchtkäfer
mit ihrem Lied:

> Komm, komm, Leuchtkäfer!
> Unser Wasser ist süß,
> Anderes Wasser ist bitter.
> Komm, komm, Leuchtkäfer!

Mit dem Juli kommt der Südwind. Oft ist er der Trost
des Menschen, oft sein Feind, wenn er als Sturm
heranbraust.

> Aus dem Wasserspiegel
> Springt die Welle
> Von Süden.

> *Dai Ōshi*

Ein Kuckuck ruft nah in den Bäumen. Seine Stimme ist schallend und oft unheimlich. Doch wir finden Trost bei kleinen Lebewesen.

Hört!
Die Dämonen
In der Stimme des Kuckucks.

Sōin

Steine und Bäume
Senden Hitzestrahlen
In meine Augen.

Kyonai

Lilien blühen im schattigen Garten in den Bergen. Ihr Duft ist rein wie eine junge Frau.

In die geneigte Lilie
Fliegt und steigt
Ein Schmetterling.

Unbekannter Dichter

Nun blüht auch die «Nemi no Hana», die «Schlafende Blume». Sie öffnet sich in der Mittagssonne und schließt sich in der Dämmerung wie betende Hände. Man sagt, das Reh liebe diese Blume.

Wenn die Schlafende Blume blüht,
Besucht das Reh sie
Über dem Fluß im Tal.

Riūshū

Im Reisfeld sind die Pflanzen emporgewachsen und haben das Wasser überdeckt. Man sieht nur noch Grün, bald Gold.

Fern und nah
Verschiedenes Grün
Im Reisfeld.

Yoshio

Am Himmel ziehen gewaltige Wolken. Oft bringen sie Gewitter.

Von Fern ein Gewitter.
Erschrockene Kühe
Suchen gemeinsam ein Haus.

Unbekannter Dichter

Abendgewitter hinterlassen angenehme Kühlung. Eine Stunde lang strömen pausenlos die Tropfen. Plötzlich versiegen sie. Vom Himmel leuchtet Sonnenschein. Die Grillen singen wieder. Aber die Blitze waren gefährlich.

Die Waldbäume strömen einen süßen und kräftigen Duft aus. Da ertönt die Stimme des Kuckucks,

widerhallend von den Bergen. Der Wanderer findet
Erquickung im Schatten der Bäume.

Die Natur bekleidet sich in verschwenderischem
Überfluß mit Grün.

Zwischen silberner Schiebetür
Erscheint das Grün
Des Auba-Berges.

Rogen

Im Mai oder Juni werden die Rehkitze geboren. Im
Juli liegen sie im Schatten des Laubes oder ihre
Mutter führt sie aus. Mit schlankem Hals folgen sie
der Mutter.

Wenn ich es rufe,
Kommt das Rehkitz.
O mein süßes Kind.

Shirō

Komm, Rehlein,
Zusammen mit mir
Unter einen Sonnenschirm.

Unbekannter Dichter

Der junge Bambus wächst jetzt rasch, oft bis zu 20 cm
am Tage. Er wirft die alten schützenden Blatthülsen
ab und zeigt auf seinem grünen Gewand weißen
Puder. Junger Bambus gibt dem Menschen Nahrung.

Die Blätter sind klein wie ein Finger, aber wie ein Schwert geformt.

> Auf den trockenen Teich
> Fällt ohne Ton
> Ein Bambusblatt.

Ojō

Wenn die Hitze des Juli beginnt, entblättert sich der Bambus. Am Mittag sehnen sich die Menschen nach dem Schlaf, der sie am Abend meidet.

> Beim Abendgewitter
> Versteckt sich das Kind
> Tief im Schrank.

Unbekannter Dichter

Man sagt oft, die Menschen würden im Sommer etwas magerer. Die modernen Ärzte meinen, es käme vom Vitaminmangel. Doch das heiße Wetter erregt die Menschenseele mehr. So dichtet ein trauriges Mädchen.

> «Sommermager»,
> Antworte ich
> Und verschlucke die Tränen.

Unbekannter Dichter

Der siebenfarbene Regenbogen schlägt im Osten eine
Himmelsbrücke.

Über der weiten Wiese
Flieht der Regen
Den Regenbogen.

Kyoshi

Die Kinder glauben, daß man auf dieser Brücke zum
Himmel aufsteigen kann.

Von dieser Welt
Geht es zum Himmel
Über den Regenbogen.

Unbekannter Dichter

Im Sommer lächeln die Berge und öffnen sich den
Menschen. Man sucht den Wasserfall auf.

Aus den Wolken
Fährt der Wasserfall
Mit blitzendem Strahl.

Seiton

Unter dem harten Sonnenlicht sieht man das Leben
und die Welt oft anders. Wir gehen in die Berge oder
an das Meer, und es wechseln Heiß und Kühl.

Heiß ist der Tag.
　　Umgekehrt spiegelt der Fuji sich
Mit Wolken im Meer.

Hakusuirō

Der Sommermond ist nicht so hell und klar; er macht
einen kühlen Eindruck. Die Milchstraße zieht sich
über den nächtlichen Sommerhimmel. Die Kinder
feiern diese Sterne. Sie singen ihre Lieder, essen den
Sommerkuchen und trinken mit den Erwachsenen
Reiswein.

Der silberne Fluß
　　Fließt vom Himmel
Auf den Kisso-Berg.

Issa

Die Lotusblumen sind die Symbole des Nirvāna. Ihre
Farben sind Weiß und ein wenig Rot; ihre Schönheit
ist rein. Wir essen ihre Wurzeln. Sie blühen häufig auf
schmutzigem Wasser. Buddha meditierte bei den
Lotusblumen.

Am kühlen Morgen
　　Bringt der Wind den Duft
Der Lotusblumen.

Rinpū

Der Wind bewegt die kleinen Glocken vor dem

Fenster und trägt ihren leisen Ton zu uns. Wenn die Windglocken nicht klingen, fühlen wir uns ein wenig einsam und traurig; ihr schwebender Klang erfreut uns sehr.

Mein Haar
  Streift die Windglocken.
Ein leiser Klang.

Unbekannter Dichter

Die Zikaden singen immer lauter. Vom frühen Morgen an rufen sie einander. Man sagt, Zikaden, die frühmorgens singen, lieben einander.

Meine Zikaden!
  Bitte, liebet und spielet
In meiner Abwesenheit.

Issa

Mitte August wird der Totenfesttag begangen. Alle Japaner besuchen den Friedhof und gedenken ihrer Toten. In den buddhistischen Tempeln wird eine lange Andacht gehalten. Man wohnt ihr in Sammlung bei, und der Priester kommt in die Häuser und betet vor dem Familienaltar. Die Seelen aller Verstorbenen sind in ihre Häuser eingeladen. Vor der Statue des Buddha brennt für jede Seele eine Kerze. Nach drei oder vier Tagen wird die Seele mit der Kerze zum Friedhof zurückgeleitet. Ende August glühen die

Sternschnuppen am Himmel auf. Kinder versinken staunend in den Anblick der Natur.

> Fallender Stern
> Stürzt herunter
> Auf den fernen Wald.
>
> *Unbekannter Dichter*

Nun läßt sich das Verhalten der Insekten als Wetterprognose deuten.

> Das Insekt singt zaghaft –
> Es scheint,
> Der Regen hört auf.
>
> *Bakujin*

Die Septemberluft ist kühl und sauber und der Himmel durchsichtig. In der Wiese blühen namenlose Blumen. Am Abendhimmel hängt ein leuchtender Mond. Der Chor der Insekten klingt oft fröhlich, oft nachdenklich und traurig. Die Hitze verliert sich, eine milde Wärme bleibt. Noch wandeln sich die Farben in der Natur nicht, und trotzdem zieht manchmal ein herbstliches Gefühl in unser Herz. Die Natur ist von einer hellen Klarheit.

Ach, es wird herbstlich.
So liege ich
Auf dem Krankenbett.

Frau Moto

Der Wind ist nicht so ungestüm wie im Hoch-
sommer.

Nur leicht
Schwankt der Zaun.
Herbstwind weht.

Etsu-Ōshi

Ihre leere Hülle
Hängt an einem Blatt.
Bald stirbt die Herbstzikade.

Joso

Nah und fern
Verklingt der Gesang
Der Zikaden.

Unbekannter Dichter.

Langsam sterben die Insekten und die Schmetterlinge. Man sieht überall die toten Körper der kleinen
Tiere. Es zeigt sich der Wandel des Lebens, das nie
unbeweglich bleibt.

Siehe! Der Herbstschmetterlinge
Feuchte Leichen
Auf regennassem Gras.

Kidō

Anfang September tragen die Reispflanzen weiße und gelbe Blüten. Kaum mehr als zehn Tage dauern sie, dann fallen sie ab. Sehr bald sind die Früchte reif zur Ernte, sie verwandeln das Reisfeld in einen goldenen See.

In tiefem Wasser
Stehen hoch
Die Reisblüten.

Shirō

Es gibt einen Feind für den Reis und für die Menschen: den Taifun. Er hat zerstörerische Macht, bringt Hochwasser und schwemmt die Reispflanzen fort. Der strömende Taifun-Regen bringt dem Bauern Tränen.

Nach dem Taifun
Ist das Feld bedeckt
Von niedergeworfenen Pflanzen.

Unbekannter Dichter

Die Herbstsonne ist mild, aber die kühlen Schatten greifen schon weiter.

Meine Stimme
Weht zurück
Mit dem Herbstwind.

Mei Setsu

Der Himmel ist rein. In der kühlen Luft rückt der
Himmel immer höher.

Tief in meiner Seele
Finde ich mich selbst. –
Oh, Herbsthimmel!

Seisei

Nie ist der Mond so schön wie im Herbst. Jeden Tag
wird er größer und heller und strahlender. Trotzdem
verschwindet das Leuchten der Sterne nicht.

Neben dem zunehmenden Mond
Leuchtet ein kleiner Stern
In leisem Glanz.

Sodō

Die Nächte werden immer länger.

Herbstvögel
Wechseln ihren Zweig
In langer Nacht.

Buson

Die langen Abende sind geeignet zu eifrigem Studium. Eine alte Weisheit sagt:

Unter dem Kerzenlicht
Muß man lesen
Im Herbst.

Das Herbstlicht ist Symbol für die Strebsamkeit.

Trotz des Studiums
An vielen Abenden
Bin ich unwissend noch immer.

Unbekannter Dichter

Aber man genießt in Einsamkeit die innerliche Welt,
und man findet die Freude tief in der Verborgenheit.

Im Herbstlicht
Leuchtet meine Seele
In der Ruhe mit der Natur.

Unbekannter Dichter

Die Herbstblumen kleiden sich in sanftere Farben
und duften bis ins Jenseits.

Bitte,
Unbekannte Blumen
Stecke auf mein Grab.

Kyoshi

Er möchte im Jenseits auch mit Herbstblumen zusammen sein.

In heller Mondnacht gleiten große Tautropfen
langsam bis zur Spitze der Blätter. Sie sind Erquik-
kung und Nahrung für Pflanzen und Insekten. Wie
sich die Tautropfen sammeln in einer Nacht, groß
und schwer werden und dann in die Natur zurückfal-
len, sind sie ein Gleichnis des menschlichen Lebens.
Schon bei den alten japanischen Dichtern waren die
Tautropfen Symbol für das flüchtige und traurige
Menschenleben. Und doch, sie zeigen überirdische
Schönheit und Klarheit. Am Rande des Blattes sieht
man einen glitzernden Mikrokosmos, der das Licht
des großen Mondes reflektiert.

> Aus den Tröpfchen
> Scheint das Mondlicht
> Am Rande des Blattes.

> *Unbekannter Dichter*

Ein Insekt singt am letzten Abend seines Lebens.

> Durch das Klagen der Insekten
> Gehe ich weiter,
> Tief in die Berge.

> *Huō-koku*

Ende September ist Vollmond und die Natur ist von
vollendeter Schönheit.

In mein Zimmer
   Fällt der Schatten der Kiefer
In einer Vollmondnacht.

Kikaku

Im kleinen Zimmer
   Lasse ich meinen Platz
Dem leuchtenden Mond.

Seibi

Man betrachtet mit Freuden den Herbstmond im September. Die Natur öffnet sich in ihrem Wesen unter dem leuchtenden Mond. Die Schatten des Daseins werden immer tiefer, länger und ruhiger. Doch das Leben wandelt sich ständig.

Dieser Herbst
   Wechselt die Freuden.
Mondbetrachtung.

Unbekannter Dichter

Im Oktober wölbt sich der Himmel immer höher und ferner und wird immer blauer, und der Mond leuchtet hell wie Wasser.

Der hohe Baum
   Teilt den Herbsthimmel
In der Mitte durch.

Kyoshi

Man meint, der Mond und die eigene Seele seien eins.
Die Seele wird wie der leuchtende Mond strahlender
und ruhiger.

> Den leuchtenden Mond
> Sieht meine Seele
> Durch die herbstliche Nacht.

Kosen

> Ich schließe das Fenster
> Und lasse den schönen Mond
> Im Garten.

Keisui

Die Wolken werden dünner und bewegter, und ihr
Anblick erweckt im Menschen oft eine kühle Trauer.
Die Natur erhält immer neue Farbtöne in Gelb und
Rot.

> Noch schöner als Blumen
> Fallen herunter
> Die bunten Blätter.

Shikō

Die Herbststimmung ist ein Philosoph. Die Welt
wispert in Stille.

Mit meinem Schatten
Geht zusammen
Der Herbstmond.

Unbekannter Dichter

Wir staunen über die Welt und das Selbst. Der Himmel rückt höher und tiefer bis zum unendlichen Jenseits.

Im tiefen Himmel
Finde ich mich
Selbst.

Seisei

In der Tiefe des blauen Himmels offenbart sich unmittelbar das Selbst, das nicht mehr die Mitte der Welt ist, doch in blauen Wogen reflektiert wird.

Das Leben in der Natur schließt mit prächtigen Farben, Gelb, Rot und Gold. Wir vergleichen das schöne Ende des Lebens mit einem «Blumensteg».

Auf dem Wasserspiegel
Das Rot
Von der Höhe des Berges.

Takeshi

Die Bauern bringen fleißig die Ernte ein. Nach der Ernte genießen sie ihre freie Zeit. Im Garten blüht die letzte Chrysantheme, «Ihre Majestät» unter den Herbstblumen.

Zwischen duftenden Chrysanthemen
Sitzt der alte Buddha
Im Tempel bei Nara.

Bashō

Unser Bewußtsein reflektiert sich in der Natur. Man
sagt, die Natur habe auch eine eigene Seele und ein
Gefühl. Denn wenn man die Natur liebt, so hat man
Mitleid mit ihr.

Die Natur wird trauriger. Ihre Schönheit verblaßt,
die Natur offenbart ihr Wesen unmittelbar. Die
Natur entkleidet sich und die Wahrheit offenbart sich
selbst.

Ein Blatt
Und noch ein Blatt
Im Herbstwind.

Ransetsu

Wilde Affen im spurlos tiefen Gebirge bereiten in
Baumhöhlen Wein aus den Herbstfrüchten der Bäume. Man sagt, dieser Wein sei der Trank der Weisheit.

Im Affenwein
Versinkt eine Baumfrucht
Auf den Boden der kleinen Höhle.

Seiran

Der Herbst geht dem Winter entgegen. Die Bäume stehen einsam. Fern und nah ruft die Stimme des Hirsches. Man fühlt sich immer einsamer. Wenn die äußere Welt abstirbt, dann öffnet die innere Welt ihre Tür.

Er schaut umher und ruft,
Der einsame Hirsch,
Unter dem kleinen Mond.

Unbekannter Dichter

Die Sonne scheint schwach. Trotzdem bringt sie dem Menschen ein wenig Freude und Trost. Der Wind wird kälter, die Tage fliehen vor seinem Hauch.

Unter der schwachen Sonne
Löst sich das Eis.
Vergessenes Wasser.

Unbekannter Dichter

Nebel streift über die Erde. Die Natur wird blaß und grau. Oft schallen Stimmen von weither durch die klare Luft. Kein Vogel singt mehr.

Auf den Meereswellen dünnes Licht.
Einsame Vögel fliehen
Auf unser Dach.

Raidō

Wenn die Vögel schweigen, weht der Wind immer stärker. Die Natur verliert die Farbe, und sie zeigt ihr eigentliches Wesen. Kosmos ohne Kosmetik. Ja, die Natur zeigt jetzt die eigene Wahrheit.

> Meine Stimme kommt zurück
> Mit dem heftigen Wind.
>
> *Meisetsu*

Die absolute Einsamkeit erfüllt die menschliche Existenz, durch die wir Ewigkeit berühren können.

> Winterbäume
> Stehen einsam
> Auf dem Berg.
>
> *Unbekannter Dichter*

Im Winter ist das Meer ungestüm und gewaltig.

> Hinter der Insel
> Wirbeln die Wellen.
> Wintermeer. –
>
> *Sōyōshi*

Langsam fällt der erste Schnee. Die Natur ändert rasch ihr Gesicht. Man freut sich über die neue Weltkosmetik.

Am offenen Fenster
  Bestaune ich den Schnee
Frühmorgens.

Sōseki

Erster Schnee
  Verbietet
Den Durchgang.

Toshi

Für die Menschen ist der bescheidene Sonnenstrahl doch eine Freude. Aber die Katze schläft am Ofen. Der Wintermond ist scharf und hart, ohne Seele. Er wirft seine Strahlen senkrecht hernieder. Die Menschen sind nachdenklich geworden. Sie fühlen den Wunsch nach Gerechtigkeit. Bis zum Ende des Monats Dezember muß jede Schuld bezahlt sein, und jeder erhält seinen Lohn. Viel Zeit ist vergangen. In der letzten Nacht des Jahres sind die Menschen still beisammen.

Letzte Nacht!
  Die Glocken klingen
Vergangenes und Zukünftiges.

Unbekannter Dichter

Wir hören die Stimme des Stimmlosen. Es ist nun ewige Gegenwart.

Das Leben ist ein ständiges Strömen aus ewiger Vergangenheit her in ewige Zukunft hin. Das Leben ist gleichsam in der Ewigkeit geboren, wandelt in der Gegenwart und verschwindet wieder in der Ewigkeit. Alles Dasein, das in der Welt offenbar wird, ist auf solchem Untergrund der Ewigkeit Gestaltetes. In der Geschichte ist alles durch die Kette von Ursache und Wirkung verknüpft und strömt aus ewiger Vergangenheit in ewige Zukunft.

Aber das Leben als Selbstbeschränkung des ewigen Absoluten in der Welt ist notwendigerweise von diesem Absoluten, mit anderen Worten vom NICHTS umfangen. Wo das Leben eingeschlossen und ausgeschlossen wird, da wird, als Gestalt durch Ewigkeit, das menschliche Dasein in sich selbst angeschaut. Ohne einen solchen Untergrund gibt es überhaupt nichts Individuelles. Dichtung ist mehr als bloße Wörter, sie ist schon an sich ein wesentlicher Ausdruck der Selbstanschauung des Daseins in sprachlichen Formen. Wie unsere Seele sich selbst anschaut, so ist das Dasein eine selbstbeschränkte Gestalt des

Nichts, die sich in der Absolutheit ewig geborgen weiß.

Jede Art von Dichtung bedarf eines solchen Untergrundes, und was einen solchen Untergrund nicht hat, ist nicht Dichtung im echten Sinne. Wenn ein Gedicht als Dichtung einen eigenen Sinn hat, so ist es immer durch irgend etwas mit dem Absoluten verbunden. Je nach dem Zusammenhange zwischen diesem Untergrund und dem darin Gestalteten werden verschiedene persönliche Wesen in eigenes Selbst geformt, und die Seele spiegelt sich in der Sprache.

Daß die Dichtung Japans im allgemeinen unpersönlich und normativ ist, liegt vor allem daran, daß in ihr dieser Untergrund selbst einen Wesensteil der Dichtung ausmacht. Daraus entsteht ein gestaltloses, unsagbares Nachwogen, ein stimmenloser, grenzenloser, tiefer Nachklang.

Was ist es nun, was den Untergrund der Dichtung Japans ausmacht? In welchen Untergrund ist die japanische Dichtung hineingemeißelt?

Wenn man sich als Untergrund der Kunst den Sinn der Ewigkeit, des Nichts vorstellt, kann man Dimensionales, Gestaltloses und Gestalthaftes unterscheiden. Eine Kunst, die zum Untergrund so etwas wie ein gestaltloses, ins Unendliche sich vertiefendes Dimensionales hat, gerät leicht in Gefahr, das menschliche Dasein zu verneinen.

Was aber den Untergrund der japanischen Dichtung ausmacht, ist nicht in solchem Sinne ein Dimensionales: überall ist etwas, das Dasein ganz und gar einschließt, es aber nicht verneint. Das Dasein ist darin gleichsam aufgelöst und transzendiert zur Existenz. Nur wo ein solcher Untergrund ist, wird überhaupt erst der Klang wahrer Existenz vernehmbar. Den Weg zu diesem Untergrund nennt man in Japan das Zen. Im Zen erfaßt man solchen Untergrund als das letzte Umfassende, mit anderem Wort: das NICHTS oder die Leere. Das NICHTS ist transzendente und gleichzeitig immanente Einheit, in der sich die menschliche Seele in ihrer tiefsten Tiefe als Spiegel des Urbewußtseins in der Welt geborgen weiß. In der Erfahrung des Zen werden die Grenzen der menschlichen Individualität transzendiert, und durch die Erleuchtung wird die ganze Welt in ein anderes, neues Licht getaucht – alles bekommt eine andere, tiefere Sinngebung. Der Mensch selbst ist von innen heraus reif, stark und heiter geworden. Ein Stein, eine Pflanze, der Gesang eines Vogels oder auch nur der Fetzen einer fliehenden Wolke zeigen das letzte, umfassende Es. Alle seelischen und körperlichen Kräfte des Menschen erklingen in einem neuen Klang, werden beglückender, friedvoller und freudiger empfunden als je zuvor. Der Mensch manifestiert nun in seinem eigenen Dasein die Existenz selbst. In solchem Erlebnis stellen Dichter mit sparsamem Wortgebrauch ein Stück der Natur dar, in dem der Sinn der Ewigkeit empfunden wird.

Von diesem Blickpunkt aus gesehen, ist die Dichtung ein unendliches, immanentes Erlebnis der Seele und zugleich transzendenter Ausdruck des NICHTS durch die Sprache. Die Idee der Dichtung ist eigene Wesensschau der Seele in sprachlicher Gestalt, die der transzendent-immanenten Wirklichkeit angehört. Um das Unbestimmbare zu bestimmen, das Unsagbare sagbar zu machen und das Formlose zu formen, sind zwei Modi innerer Erfahrung nötig, die in der japanischen Dichtung allgemein bekannt sind. Diese Bezeichnungen für die Verschiedenheit des inneren Nachklangs sind «Sabi» und «Wabi». Wabi ist letztlich die Sehnsucht nach dem Urgrund des Ewigen, den wir in dem Ton des Nachklangs fühlen können. Die Freude, die aus unserer Seele tief hervorquillt, ist die Wabi-Erfahrung. Wabi ist etwas geheimnisvoll und verachtet den monumentalen Ausdruck. Sabi bedeutet Einsamkeit, Stille und Ruhe und ist der Ausdruck des erlebten Ewigen, das jenseits der Alltäglichkeit und aller weltlichen Erscheinung, allem Seienden, Lebenden und Strebenden begegnet. Das Einsamsein berührt die schöpferische Möglichkeit im Sein selbst. Wabi gehört mehr zum Waka-Stil, während Sabi das Wesen des Haiku ist.

Man dichtet nicht, sondern Es dichtet. Es besteht nur die Welt der transzendentalen Intuitionen und der immanenten Erfahrung. Wenn wir in der Dichtung Wabi als ein Mitklingen und Mitschwingen spüren bis in den unergründlichen Grund unserer Seele hinein, so bedeutet dies, daß der Grund des eigenen Selbst und der Grund der Welt das eine umfassende Nichts ist. Im Nichts ist kein Anfang und kein Ende, kein Innen und kein Außen, kein Oben und kein Unten. Das tiefe Erfaßtsein durch die Berührung mit dem NICHTS geht als unendliches Nachwogen und Nachklingen durch alle Gestaltung menschlichen Daseins. Dieses Erfaßtwerden ist der Grundrhythmus der Existenz, in dem erleuchtete Schau der Seele zum Inhalt des Gedichtes wird.

Mit solcher Erfahrung bejaht das Gedicht alles Eine als Eines und Natur als Natur, so wie sie auf diese Selbstanschauung begründet ist.

Im Zen finden wir eine unendliche, transzendentale Ewigkeit, die das vereinzelte Dasein aufhebt. Zen-Erfahrung überschreitet das Persönliche. Nach der Metaphilosophie des Zen ist das persönliche Dasein nur ein individueller Schein des NICHTS, der in der Zeitlichkeit gestaltet wird und doch den ewigen, absoluten Sinn hat. Wegen seiner Zeitlichkeit erscheint und verschwindet er, doch wegen seines absoluten Sinnes berührt er den Urgrund des Seins. Aber die Natur verneint keineswegs das persönliche Dasein, sie läßt vielmehr überall Persönliches entstehen. Sie ist wie ein unendlicher Raum, der, selbst gestaltlos, Gestalten ausprägt.

Still!
In das Felsengestein dringt
der Zikaden Ton.

Bashō

Das Menschenleben ist eine einzige Wanderung in der Geschichte von irgendwoher irgendwohin auf dem Weg, der zwischen Sein und NICHTS, Ewigem und Vergänglichem schwebt. Alle Natur wandert: Weben der Sonne und des Mondes, Wehen des Windes und der Wolken. Der Lärm der Zikaden stört das Naturschweigen nicht, die Lebensbewegung bedeutet eine Erhöhung der inneren Stille. Ruhe in der Bewegung, Bewegung in der Ruhe bedeutet eine ewige Wanderung, ständig getrieben von der Sehnsucht nach Wind und Wolken.

Nun nimmt man Anteil wie an der Ruhe so auch an der Bewegung der Natur. Wir Menschen sind ewige Wanderer, erscheinen und verscheiden wieder, doch die Seele wandelt in Ewigkeit.

Die Blumen fallen.
Nur Ruhe herrscht
In der Menschenseele.

Unbekannter Dichter

Dichtung ist eigentlich ein Mitklingen bis in den unergründlichen Grund unserer Seele. Es gibt wenig Lyrik, bei der das Erlebnis an sich so unmittelbar Dichtung geworden wäre wie im Haiku. Das Haiku ist eine besondere Dichtung und nichts anderes als der unmittelbare Ausdruck der innigsten Erlebnisse in der Zen-Erfahrung. Die Stimme des Stimmlosen, die von der tiefsten Tiefe der Seele hervorgerufen wird, ist die Dichtung Japans. Daß die Dichtung ursprünglich und wesentliche Formung der Selbstanschauung der Seele ist und daß das Wesen des Dichters in dieser Anschauung berührt wird, bedarf keiner Erwähnung. Bei ihm wird alles Seiende immanenter Gegenstand der Selbstanschauung und zugleich transzendenter Gegenstand des Persönlichen. Die Natur ist dann Selbstgegenstand des Absoluten, in sich alles eingeschlossen, alles Seiende in sich gespiegelt.

> Nach dem Regen
> Fällt ein Tröpfchen,
> Grün!

Unbekannter Dichter

Das Leben in Dichtung ist wahrhaft ein Erleben edlen Wirkens. Der Mensch kann nur durch die Vertiefung bis zum Urgrund erlöst werden. Die Erlösung ist Zurückkehren zur reinsten Urnatur als NICHTS. Die Erlösung wirkt wie die All-Ein-Wirklichkeit im Kosmos. Das Schicksal aller Lebewesen ist in diese Erlösung eingeschlossen.

> Das Insekt singt zaghaft.
> Es scheint,
> Der Regen hört auf.

Bokujin

Das Insekt singt im Raum des Lebens, wo Kosmos und Natur vereint sind. Im Hintergrund der japanischen Dichtung flüstert die Stimme der Freude ohne Worte der Freude, die selbst erzählt, was dem Menschen unbewußt durch das Herz wandert und mit der Natur webt.

Dieser Herbst
Wechselt die Freude,
Mondbetrachtung.

Unbekannter Dichter

Ein Blatt!
Noch ein Blatt,
Fällt im Herbstwind.

Ransetsu

Ein Blatt, wie eine Seele, fällt im Herbstwind. Das Einzelne ist immer einsam. Die Einsamkeit ist Grundbefindlichkeit, in der die Seele das Absolute berührt. Im Zen übt man die absolute Einsamkeit der Leere und Stille. Man trägt die Stille in seiner Seele und lauscht bis auf den schweigenden Grund der Natur, wo alle Laute in der Stille versinken und diese nur abgründiger machen. Wir begegnen nun auf der Wanderung einer vollkommenen Naturstille, die Stimme des Kosmos wispert, und der Mond leuchtet in der Seele.

Im Herbstmond
  Leuchtet meine Seele
In Ruhe mit der Natur.

Unbekannter Dichter

DER WEG DER JAPANISCHEN DICHTUNG

Dieses letzte Kapitel möchte ich dem Weg des innerlichen Erlebnisses der japanischen Dichtung widmen. Klarheit, sparsamer Wortgebrauch und tiefes Erlebnis werden in ihm als innerliche Einheit erfahren.

Die japanische Dichtung ist wegen ihrer kurzen und symbolischen Formen eine Ausnahme in der Literatur. Dichter und Worte sind in ihr eins, weil die Worte Vermittler der Seele des Dichters sind. Nach japanischer Auffassung ist das Wort heilig und unersetzbar, und man muß es mit Ehrfurcht aussprechen. Worte sind nicht wie Wind, Blumen oder Gewitter, sondern sind seelische Substanz.

Es wird mit den einfachsten sprachlichen Mitteln, mit absoluten Substantiven, Adjektiven und Verben gearbeitet. Das ist die Dichtung Japans.

Das *Nippon-Shoki*, das älteste japanische Geschichtsbuch, berichtet, daß der Japaner in mythischen Zeiten an einen Gott glaubte, der das Reich der Worte regierte; jedem Wort wurde eine Seele zuerkannt. Diesen Gott nannte er Koto-Dama. Diese

Wort-Seele wurde durch den Buddhismus bis in die Gegenwart überliefert.

Die japanische Dichtung lebt als Schöpfung der seelischen Sprache. Ihre Werke sind unmittelbarer Ausdruck des inneren Verhältnisses der Dichter zum Absoluten. Sie schaffen nicht wie andere Künstler an der äußerlichen Form, die im Schaffen schrittweise Gestalt gewinnt, sondern sie versenken sich tief, bis das Gedicht plötzlich unmittelbar formuliert und innerlich vollendet ist.

Die Form der japanischen Kunst überhaupt ist scheinbar unvollkommen, aber sie deutet die Verborgenheit hinter der Wirklichkeit an. In der japanischen Dichtung zeigt sich besonders das Symbolische. Aber dieses äußerliche Unvollendetsein der Dichtung gehört zu den Wesenszügen der japanischen Kunst allgemein, weil das Werden mehr als das Vollständige ist.

Die Eigenart der japanischen Dichtung ist ihre äußerst kurze Formulierung. Die Dichtung wird von einem eigenständigen Motiv und Inhalt getragen, das mehr ist als Fragment. Das Erlebnis, aus dem die poetische Schöpfung hervorgeht, liegt in dem Verhältnis zwischen Mensch und Natur begründet. Ihr Weg bedeutet nichts anderes als die Vertiefung der menschlichen Seele. Je weiter man auf diesem Weg zum tiefen Grund gelangt, desto reiner steigt der Ursprung aus ihm hervor.

An ein Boot erinnere ich mich,
Das im dichten Nebel
Des Dämmerlichtes
Lautlos zwischen den Inseln
Dahinschwand.

Unbekannter Dichter

In der Dichtung wurde der wahre Grund der japanischen Seele offenbar. Doch brauchte die Entwicklung der japanischen Literatur mehr als tausend
Jahre, um in der Dichtung ihre Reife zu erreichen.
Die erste literarische Schöpfung entfaltete sich, vermittelt durch das reine Gefühl, in realistisch-naturali-
stischen und frühromantischen Zeiten (Manyō-Ge-
dichtsammlung, 759 n. Chr., Kokin-Sammlung, 905
n. Chr.). Das folgende Gedicht ist ein ausgezeichne-
tes Beispiel für die damalige Zeit:

Wie eine blühende Blume
Im Sommer an der Straße
Kennen schon alle
Meine schöne Frau.

Kakinomoto no Hitomaro

Das reine Gefühl erfaßte sowohl die Natur als auch
das menschliche Leben, gleichzeitig mit- und nacher-
lebend. Strenge Unterscheidungen zwischen Leben
und Natur wurden nicht vollzogen, sondern beides
vereint erfahren.

Zur Bucht von Togo
 Sehe ich.
Weiß umhüllt
 Der Fuji-Berg.
Schnee fällt auf ihn.

Yamabe no Akahito

Die Idee, die dieser Kunstschöpfung zugrunde liegt, ist die «Naturhaftigkeit», eine der Kategorien der japanischen Kunst. Die Naturhaftigkeit befreit die Welterfassung des praktischen Lebens. Kosmos und Seele waren im Sinne des Natürlichen reine Objektivität, und in dem gleichen Sinne waren sie reine Subjektivität. Himmel und Leben vergleicht man mit Kosmos und Seele.

Jenen stillen Mittag künden
 Spät-Frühlingsträume.
Am sinkenden Himmel nieder
 Fallen Blüten im Nebel
Von den Bäumen in sorgloser Stunde.

Unbekannter Dichter, 9. Jahrh.

Dieses Erlebnis der Identität von Natur und Leben ist die Quelle der künstlerischen Inspiration des japanischen Volkes. In diesem Erlebnis konnte sich der Buddhismus dem japanischen Volk offenbaren.

Die seelische Erfahrung durch die Dichtung ging immer mehr in eine neue, wahre Gestalt über. Vielleicht handelte es sich um eine innerliche Erhebung des natürlich Gegebenen.

> Heimkehrende Wildgänse
> Verloren ihren Weg
> Und irren auf dem Wolkenpfade.
> Ihrer Stimmen Klagen
> Hallen wider in meiner Seele.

Unbekannter Dichter, Shin-Kokin-Shū

Von diesem transzendentalen Erlebnis kehrte sich die Seele immer mehr nach innen. Auf dem Weg über die Kosmoserfahrung kam die Seele wieder zu sich selbst, weil ihr die Natur der unmittelbare Ausdruck des seelischen Erlebnisses ist. In der Rückkehr von der äußeren Welt geht die Seele tief in die innere Welt zu sich selbst ein. Die Absicht der japanischen Romantik richtete sich auf die Natur, die in der Welt der Immanenz sich offenbart. Doch die japanische Romantik ging den Weg einer fast tragischen Erfahrung.

> Wird sich mein Wunsch erfüllen?
> Im Frühling möchte ich sterben,
> Wenn ich unter Blüten stehe,
> In einer Vollmondnacht.

Unbekannter Dichter, Manyō-Shū

Der Tendai- und Shingon-Buddhismus, der um die Mitte des neunten Jahrhunderts in das japanische seelische Leben einbrach, vertiefte den Urgrund der japanischen Seele und vermochte das innerliche Erlebnis im Menschen und die naturhafte Beziehung zu Welt und Leben zu vereinbaren und zu verfeinern.

Im vollen Frühling,
    Doch tief in den Bergen,
Wo die Blumen nicht blühen,
    Singt die Nachtigall
Mit weicher Stimme.

Arihara, Kokin-Shū

Der Japaner sucht in der Vereinigung von Natur und Seele die ewige Idee der poetischen Besinnung. Denn nun stand die Neigung zur ewigen Liebe, die der Grundzug der japanischen Romantik ist, als Hauptproblem da. Es ist eine Liebe, die immer in Tragik gestaltet ist und die im menschlichen Leben am Ende immer zum unvermeidlichen Schicksal führt. Die Grundstimmung in der japanischen Romantik heißt «Mono no Aware». Dies bedeutet ein rein ästhetisches Gefühl, das in der Shingon-Mystik offenbart worden ist. «Mono no Aware» ist der tragische Rhythmus, der im Urgrund des Ewigen schwingt.

Im langen Schneefall
    Räuchern die Holzkohlenbrenner
Immer einsamer
    In der Wiese von Ōhara.

Unbekannter Dichter

Alle Freude sucht Unveränderlichkeit und Unendlichkeit. Alle Liebe sehnt sich und strebt immer nach
dem Absoluten. In der Weise, in der die Idee der
Ewigkeit dem zeitlichen Leben innewohnt, das Le-
bensgefühl durch die Suche nach dem Ewigen ge-
kennzeichnet ist, ist die Tragik die Sehnsucht nach
dem Absoluten. Wenn man das Absolute sucht,
begegnet man der Tragik, die uns zwischen Wirklichkeit und Sehnsucht spaltet. Die Tragik besteht immer
in diesem Widerspruch, und sie ist das menschliche
Schicksal. Das romantische Erlebnis ist immer ein
trauriges Schicksal, es führt zum Verzicht auf die
menschliche Welt und zum Eindringen in die Verborgenheit.

Der Frühling kommt wieder.
Doch bin ich traurig
Über verblassende Blumen.

Unbekannter Dichter

Die japanische Romantik entstand aus dem Erlebnis
des unvermeidlichen menschlichen Schicksals, sie
prägte die Fujiwara-Periode (10.–12. Jahrhundert)
und ging langsam in die Zen-Erfahrung in der Kama-
kura-Zeit (12.–14. Jahrhundert) über. Der romantische Zeitgeist zeigte eine Sehnsucht nach Absolutheit. Während seine Verfeinerung nichts anderes als
ein weiblich zartes Gefühl war, ging seine Neigung
doch über die sensualistischen Freuden hinaus.

Wie die Wolken
Am Himmel
Schwebt mein Leben
Spurlos dahin.

Unbekannter Dichter

Das weibliche Raffinement der Romantik verlor seine Bedeutung vor der neuen Disziplin der Samurai, dem ewigen Wachsein im NICHTS. Durch harte Erlebnisse hindurch ging die japanische Seele weiter, die farbige Welt ihres romantischen Erlebnisses ging unter. Die männlich harte, ernste und innerliche Disziplin der Samurai ging mit der Zen-Erfahrung bis an den letzten Abgrund des Lebens und drang zu einem absoluten Einsamsein vor.

Durch die Flut hinweggeschwemmt,
Fühle ich mich allein
Auf hoher See.
Kein rettendes Schiff
Ist in Sicht.

Mönch Saigyō

Das absolute Einsamstehen bedeutet die absolute Beherrschung seiner selbst, und man fühlt die Schwäche und die Stärke des Menschentums.

Der seelische Weg Saigyōs vereinigte durch die Erfahrung der Einsamkeit Buddhismus und Romantik in seinem Leben. Das einstige Bewußtsein der

Klarheit, Einfachheit und Naturhaftigkeit wurde wieder lebendig. Von der einsamen Welt ging Saigyō in eine noch tiefere Schicht des Erlebnisses. Das Selbst, das bis gestern der Mittelpunkt der Umgebung war, ist heute schon wie ein Tautropfen auf einem Blatt. Die Seele wird in diesem Erlebnis hinweggeschwemmt, es bleibt nur der Schatten eines Traumes.

> So müde bin ich
> Von der Wanderung.
> Kommt der Tod über mich,
> Bin ich einsam wie die Tropfen,
> Die von den Blättern fallen.
>
> *Mönch Saigyō*

Saigyō ging nicht mehr in die irdische Welt, sondern zur Transzendenz über diese Welt, und versenkte sich zugleich tief in die immanente Welt, wo man die Stimme des Urgrundes ahnt.

> Im dichten Nebel
> Blasse Sonnenstrahlen
> Tief in den Bergen.
> Von fern höre ich die Stimme
> Des einsamen Hirsches.
>
> *Mönch Saigyō*

Diese Entfaltung geschieht nicht nur in der besonde-
ren religiösen Erfahrung, sondern wurzelt im tiefsten
Urbewußtsein. Man sucht nur die Stille und die
Strenge der Form, in der Unwesentliches ausgeschal-
tet wird.

> Ich wohne am einsamen Ort,
> Wo mich niemand besucht.
> Doch in tiefer Nacht
> Besucht der klare Mondschein
> Meine Hütte.

Fujiwara no Toshinari

Das Wesen dieses Seelen-Erlebnisses wurde «das
Schöne der geheimnisvollen Weite und Tiefe» (Yū-
gen-bi) genannt. Man suchte hinter der Verborgenheit das noch Tiefere. Die Erscheinung in der Weite
zu schauen, das Verborgene in der Tiefe zu erleben
vermag nur derjenige, der hinter der Mannigfaltigkeit
der Welt das Absolute erblickt, der den Rhythmus
der Natur erkennt. Auf dem Wege von «Mono-no-
Aware» bis «Yūgen» erlebt man die Erfahrung des
Todes, in dessen Angesicht man auf alle menschlichen Wünsche verzichten muß. Die Weite ist die
Transzendenz im Raum, und die Tiefe ist die Immanenz durch die Zeit. – In der Dichtung Toshinaris
besteht Harmonie zwischen Transzendenz und Immanenz.

Abendstunde.
Herbstwind vom Felde
Dringt tief in mein Herz.
Im Dickicht des Heimatortes
Singen die Wachteln nah und fern.

Fujiwara no Toshinari

Der Dichter verläßt die irdische Welt des Scheins.
Die Stimmen der Nähe und der Ferne klingen in der
Unendlichkeit aus. In ihm und um ihn ist nur die
Stille.

Die absolute Objektivierung alles Sichtbaren und
Fühlbaren im Dasein vollzog sich wieder in der
Spannung zwischen transzendentaler und immanenter Welt. Diese innerliche Spaltung bekundet sich in
einer kraftvollen Reflexion der kosmischen Stimme.

Kraftvoll!
Die Wellen donnernd strömen,
Zerreißen, zerschellen,
Zerspringen
Am Ufergestein.

Minamoto no Sanetomo

Je tiefer die Selbstbeherrschung des Samurai, desto
stärker die Reflexion der Unendlichkeit. Das
«Selbst» wird aufgehoben durch die absolute Überwindung der Spannung zwischen transzendentem
und immanentem Welterlebnis. Der Unterschied

zwischen Toshinaris und Sanetomos Dichtung liegt einerseits in der Harmonie und andererseits der Überwindung von Transzendenz und Immanenz.

Nach dem Durchstoßen der Spannung zwischen beiden Welten entstand die Haiku-Dichtung, die Welt Bashōs. Die absolute immanente Tiefe und deren Welt offenbaren sich bei ihm als dichterisches Erlebnis, in dem die stimmlosen Stimmen mit denen des Ewigen in der Natur sich treffen.

> Die Tempelglocke
> Tönt fern und nah
> Am Frühlingsabend.
>
> *Bashō*

Die Glocke tönt vom tiefen Urgrund des Seins in ewigem Nachklang. Bashō nennt diese Tiefe das «Sabi» oder «Yūgen». Das Sabi ist der Ausdruck des erlebten Ewigen, das im Jenseits allen irdischen Erscheinungen, allem Seienden, Lebenden und Sterbenden begegnet. Das Sabi hat die Bedeutung der Einsamkeit, der Stille, der Ruhe. Durch die Einsamkeit berührt die Seele das Absolute.

> Der Stein des Felsengebirges
> Schimmert weißer
> Im Herbstwind.
>
> *Bashō*

Weiß bedeutet die Einsamkeit. Bashō schaut das Weiß des Felsengesteins und erlebt in tiefer Seele den Herbstwind, der der Rhythmus der immanenten Welt ist. Er trug die Stille in seiner Seele und hörte bis zum schweigenden Urgrund.

> Im Stillen allein.
> In die Felsen hinein
> Dringen die Stimmen
> Der summenden Zikaden.

Unbekannter Dichter

Das ganze Leben eines verinnerlichten Menschen, das auf der Wirklichkeit des Einsamseins und über dem Tod und dem Leben steht, sucht stets den «Weg» zu beschreiten. Der Mensch wächst über den Tod und das Leben hinaus und berührt das Wesen des Seins, das im NICHTS ruht. Das NICHTS leuchtet im Sein.

> Vor dem Mii-Tempel
> Klopfe ich ans Tor.
> Nur der Mond von heute.

Bashō

Der Japaner faßt das Wesen der Dinge in zwei Kategorien zusammen: NICHTS und Sein. Er glaubt, wer mit dem NICHTS spielt, leidet am Sein. Wenn man im Sein das NICHTS und im NICHTS das Sein erlebt, so erlebt man beide im Sein als Gelassenheit. Man deutet nicht das Sein durch das Sein, auch nicht das Nichts durch das Nichts. Der Dichter meint mit dem Sein, das Schein des Nichts ist, das Erlebnis, das das Werden des Seins zur Vollkommenheit bringt.

> Langsam
>   Wird der Frühling vollkommen
> Mit Mondschein und Pflaumen.
>
> *Bashō*

Wer sich vollkommen in das Nichts versenkt, steht über seiner Erscheinungswelt, er lebt über die Widersprüche der Welt weiter hinaus.

> Niemand merkt,
>   Daß sie bald sterben muß,
> Die Stimme der Zikade.
>
> *Bashō*

Nachdem dieses Erlebnis des Absoluten, das der Zen-Anhänger gern die Satori-Erfahrung nennt, bewußt als Ur-Realität erlebt worden war, ging Bashō diesen Weg weiter. Er schaute die Welt als Dichter, dem es nur auf das schöpferische Leben, das aus dem Nichts entspringt, ankommt. Er befreite sich von sich selbst und tauchte ein in die Erscheinung und wirkte zugleich in dem unendlichen Ozean der absoluten Erfahrung.

Blumenwolken.
　Die Glocken tönen; –
Von Ueno oder Asakusa.

Bashō

Bashō schaute hinter der Welt des Werdens das Ur-
Eine, das NICHTS, das Absolute. Diesen seelischen
Vorgang nennt der Japaner «Weg», und der Buddhist
sagt «Zen».

　Krank von der Reise.
　　Laufen durch Berg und Wiese
　Träume im Kreise.

Bashō

Der «Weg» bedeutet auch «Wandlung», das heißt,
daß die Seele als ein Spiegel des Himmels und der
Erde wirkt. Denn am Himmel erscheint durch sie der
Weg des klaren Mondscheins, auf der Erde blühen
durch sie die Blumen. Das Leben ist ein Spiel im
Kosmos, und das Spiel kann man bei Bashō die
Versenkung in den Urgrund nennen. Bashō meinte
nur das Sein und das NICHTS. Im NICHTS spielte er,
und er litt am Sein.

　Sommergras!
　　Alles, was übrigblieb
　Von alten Soldatenträumen.

Bashō

Nichts und Sein stehen einander als Begriffe und Vorstellungen entgegen. Doch das Sein ist das Erscheinende des Nichts. Aber das Nichts ist nicht Ver-Scheinung des Seins, die Beziehung zwischen Nichts und Sein ist nicht umkehrbar. Dies ist der Grund des Widerspruchs in der Realität.

Alles ist tätig angesichts des Seins im Nichts, aber nicht angesichts des Nichts im Sein. Leid und Freude sind nach dem Zen die Konsequenz des Seins. Das Nichts kann offenbart werden durch die Vermittlung des Seinserlebnisses. Als Zen meint Bashō, das Sein sei nichts anderes als das Mittel zum Erlebnis des Absoluten. Das Absolute tritt aus dem Schicksal der Gegensätzlichkeit heraus. Der Erlöste, der das Nichts erlebt, geht allein in die Unendlichkeit ein, und zugleich wandelt er den Weg der ewigen Stille.

> Niemand
> Geht diesen Weg
> Im Spätherbst.

> *Bashō*

Bashō suchte als Dichter immer die Erlösung, die er Schritt für Schritt durch sein Leben erreicht hat. Für ihn ist das Leben kein Experiment. Ein Schritt des Lebens bedeutet für ihn absolute Erfahrung. Das uneingeschränkte Streben nach der Schöpfung ist bei Bashō vollkommene Hingabe an das Leben. Aufgabe und Werk Bashōs war die Erneuerung des Ausdrucks des ewig klingenden Rhythmus des Kosmos. Seine

Dichtung kündet uns sowohl den tiefen Klang der poetischen Schöpfung als auch die Tiefe der seelischen Haltung des Künstlers.

> Zwischen gebrochenen Wolken
> Scheint der Mond
> In tiefer Ruhe.

Bashō

Außer Bashō hat es bisher fast niemand in Japan vermocht, in einer solch kurzen Form den Stimmen des Stimmlosen im Kosmos Ausdruck zu geben. Er ging allein den alten Weg des japanischen innerlichen Lebens nach. Er erlebte in der dichterischen Welt Japans wie auch in anderen Kunstrichtungen Japans denselben Geist. Die klassische Waka-Dichtung des Saigyō, die Kettendichtung von Sōgi, die Malerei von Sesshu, die Teekunst von Rikyū sind alle von einem Erlebnis getragen. Ein solcher Weg spiegelt das Gesetz des Kosmos: Stimme ohne Ton, Bild ohne Farbe und Stoff ohne Materie, denn er ist die Gestaltung des Unsichtbaren und die Erhebung der in der menschlichen Seele sich offenbarenden Schöpfung. Ihre Stimme ist die Stille, ihr Grund das NICHTS.

> Grab, bewege dich!
> Klagestimme weint
> Wie der Herbstwind.

Bashō

Bei Bashō erleben wir unmittelbar die seelische Erfahrung Japans, die kaum anderswo so tief ergründet und rein formuliert wurde. Denn Gott war ihm alles. Die Seele Japans geht bei ihm bis zur letzten absoluten Immanenz.

Die Kunst Japans fordert die Erweiterung der seelischen Dimension, eine innerliche Vertiefung der geistigen Kräfte. Der Weg der Dichtung beginnt mit der Wandlung des Lebens, wenn die Kraft des Urgrundes wirksam wird.

Bashō war Dichter und Natur-Mystiker, der als Künstler seine Werke aus dem tiefsten Urgrund geschöpft hat.

> Der Herbstmond
> Leuchtet durch die ganze Nacht
> Rund um den Teich.
>
> *Bashō*

Buson, der eigentliche Nachfolger von Bashō, findet durch diesen Weg die reine ästhetische Transzendenz-Immanenz, die tief in seiner Lebensanschauung verankert ist. Nach Buson ist das Leben des Menschen nicht nur das Spielen, sondern auch das Ruhen. Sein Weg ist das Schöne. Buson kennt keine Einsamkeit.

Frühlingsregen!
Reden und gehen
Zusammen mit Regenmantel und Regenschirm.

Buson

Bei Buson sind Transzendenz und Immanenz in reiner ästhetischer Atmosphäre beisammen; keine Spaltung, sondern Verschmelzung.

Der Nachtigall Stimme
Tönt langsam weit –
Und der Tag ist schon vorbei.

Buson

Buson hört die Stimmen des Kosmos nicht mehr, weil er selbst im Kosmos mitatmet.

Langsam
Vergehender Frühling
Mit Spätkirschenblüte.

Buson

Die ganze Welt blüht. Sonne und Mond helfen den kleinen Blumen.

Rapsblumen!
Mit Mond vom Osten,
Mit Sonne vom Westen.

Buson

Schein und Sein begegnen sich im NICHTS. Buson bejaht die Immanenz in der Harmonie des Kosmos.

Während Bashōs Dichtung Meditation bedeutet, ist die Dichtung Busons reine Ästhetik.

Vergehender Frühling!
Jetzt blühen noch
Späte Kirschblüten.

Buson